U0609958

东亚经济的
竞合发展
与市场营销新趋势

朱永浩 包振山 何为民 ◎ 编著

中国财经出版传媒集团
经济科学出版社
Economic Science Press

图书在版编目（CIP）数据

东亚经济的竞合发展与市场营销新趋势/朱永浩，包振山，
何为民编著 . —北京：经济科学出版社，2019.2
ISBN 978 - 7 - 5218 - 0303 - 7

Ⅰ. ①东⋯　Ⅱ. ①朱⋯②包⋯③何⋯　Ⅲ. ①东亚经济 - 区域
经济 - 经济竞争 - 研究②东亚经济 - 区域经济合作 - 研究
③东亚经济 - 区域经济 - 市场趋势 - 研究　Ⅳ. ①F131.04

中国版本图书馆 CIP 数据核字（2019）第 034836 号

责任编辑：刘怡斐
责任校对：蒋子明
责任印制：邱　天

东亚经济的竞合发展与市场营销新趋势
朱永浩　包振山　何为民　编著
经济科学出版社出版、发行　新华书店经销
社址：北京市海淀区阜成路甲 28 号　邮编：100142
编辑部电话：010 - 88191348　发行部电话：010 - 88191522
网址：www. esp. com. cn
电子邮件：esp@ esp. com. cn
天猫网店：经济科学出版社旗舰店
网址：http：//jjkxcbs. tmall. com
北京财经印刷厂印装
710 × 1000　16 开　12.75 印张　280000 字
2019 年 3 月第 1 版　2019 年 3 月第 1 次印刷
ISBN 978 - 7 - 5218 - 0303 - 7　定价：52.00 元
（图书出现印装问题，本社负责调换。电话：010 - 88191510）
（版权所有　侵权必究　打击盗版　举报热线：010 - 88191661
QQ：2242791300　营销中心电话：010 - 88191537
电子邮箱：dbts@ esp. com. cn）

前　　言

　　刚刚过去的 2018 年，也是改革开放 40 年的重要时间节点。在过去的 40 年里，中国经济从投资拉动经济的粗放式增长模式向投资、消费型模式飞速转变，由此促使了经济的高度增长。随着经济规模不断增长，衍生出经济结构性问题、人口老龄化问题、地区间差距扩大等问题。为了解决这些问题，国家先后制定出台了"西部大开发""振兴东北"等一系列的区域经济发展重要政策。其目的就是希望通过发挥宏观政策的调控优势来带动这些经济发展相对落后地区，使其经济能够得到大的发展，缩小与东部发达地区之间的差距。然而，经济发展常常是遵从市场规则，有时候并不是通过政策优势就能带来较为显著的成果。

　　近年来国际形势的复杂多变，也对中国经济发展也带来了许多不确定性因素。如 2018 年中美贸易摩擦的不断升级就是一个重要例证。而且，今后这种贸易摩擦也不会轻易消失，可能会有愈演愈烈之势。中国企业界也开始认识到随着中国经济的迅速发展，大国崛起之路会出现欲戴其冠，必先承其重的历史必然性。即使美国 D. 特朗普（D. Trump）政府不再执政，作为世界第一经济大国的美国，依然会对中国实施多方面的牵制措施。由此可见，今后中国经济发展不仅将面临更加错综复杂的国际环境，考验大国发展的智慧，而且中国自身经济也会出现随经济发展而衍生出的一系列亟待解决的问题。

　　在中国对外贸易发展过程中，从以加工型为主的萌芽发展逐渐成长到近些年出口结构复杂度与发达国家相互重叠地向中高端上升，这从某种侧面反映出中国经济在不断发展的同时自身也在不断壮大。更确切地说就是中国在加工贸易发展中不但促进了经济发展，而且在工业体系整体建设方面，包括设备、技术、管理方式等得到较大的提高，逐步建立起了改革开放以来中国最完善的工业体系。在这一背景下，先后出现了经济运营过程中把一些新的商业模式诸如电子商务运用到中国这个大的市场，并且取得巨大的发展等成功事例。同时这种成功也在不断向外辐射，特别是东亚地区也可以看到中国大型电商企业所建立的营销据点，同时国内对外贸易相关企业也同时引入了跨境电商模式，拓展了对外贸易渠道。这是在参考国外成功的商业模式经验时所未曾想到的。尤其是在人工智能、云计算、区块链等新兴数字技术支撑下，出现了如移动支付、智慧零售、智慧物流、新零售等促进经贸发展的新变革，给这些模式的深入普及提供了有效的支持与促进。

在这场新数字技术推动下的经济发展中，对国际经贸关系的相关概念产生了重大影响，重置其核心的"人、货、场"的含义。对于经济体而言，"人"与"物"的移动是经济运行的主要表现形式和手段。这样去定义经济运营方式似乎不是一个非常准确的表达方式，但由于有了"物"的流通，使得市场资源的配置更趋于有效和公平。而"人"的移动，使得生产要素市场中的资源禀赋更加丰富，进而才会有经济稳定持续的发展。

中国、日本、韩国和俄罗斯远东地区为中心的东北亚，人口众多、资源丰富，作为近年东亚地区新的经济增长点而备受关注。特别是 2017 年"习特会"和 2018 年"特金会"之后，东北亚日益紧张的局势得到一定缓解，这也让人们看到了区域合作展开的可能性。因而我们也有理由相信今后这一地区"人"与"物"的移动将会更加便利。但同时还要看到，在经济发展的同时，常常会伴随着对环境造成的破坏等问题，并且这种损害有些是不可逆的。这也是本书将经济与环境问题放在一个同等重要位置进行探讨的主要目的之一。

当下的中国经济发展以及国际经济形式的变化，越来越成为诸多学者的关注重心之一，并希望由此能够找到解决中国在经济发展过程中出现的相关问题，这也是本书的立意所在。来自中日两国高校的作者们，立足于东亚及东北亚地区，从区域经济发展的现状出发，动态地对区域内的主要国家间的经济联动作用进行较为深入细致的探讨，以求通过东亚经济共同发展来带动这一区域内国家经济的良性发展。

本书以东亚经济发展为着眼点，对这一区域内的经贸关系进行多角度的分析论证。本书主要分为"贸易与投资、新零售与电子商务、通道建设与环境"三大部分。基于此，全书的框架由十二个章节组成，具体包括：第一章是东亚区域贸易的发展及其结构变化（金丹）；第二章是日本企业在中国投资的变迁及特征分析（朱永浩）；第三章是新时代中国中小型外贸企业影响因素测算研究（包振山、左陶）；第四章是北部湾经济区与日本经济交流现状及可行性研究——以广西壮族自治区为例（何为民、朱永浩、蔡桂全）；第五章是外资零售企业在中国市场经营模式比较研究（包振山、刘旭彬）；第六章是新零售与区域性商贸深化

（张力、何为民）；第七章是基于电子商务模式下"欠发达"地区区域经济发展影响的研究——以粤西地区为例（何为民、张力）；第八章是新时代中国零售服务业转型升级研究——以江苏省沿海为例（包振山、陈新语）；第九章是亚洲国际交通基础设施的改善与物流——以中国、印度和东盟为中心的研究（王柏荀、町田一兵）；第十章是东北亚国际交通基础设施发展与运营现状分析——以中国、俄罗斯为中心（王柏荀、町田一兵）；第十一章是推进东北亚国际陆海联运合作的意义与对策建议（朱永浩）；第十二章是东亚的经济发展与环境影响（金丹）。

　　本书围绕着"东亚区域合作"这一主题，集合了中、日两国学者的研究成果而整理成书，其目的是加强这一区域之间的经贸联系，为该区域的经济发展提供学术性理论支撑。由于作者们的能力和水平有限，书中难免存在不当之处，敬请各位专家学者及广大读者批评指正。

编著者

2019 年早春

目　　录

第一篇

贸易与投资篇

第一章 东亚区域贸易的发展及其结构变化[①]

　　1997 年的亚洲金融危机通过贸易与投资，对亚洲区域内各国的经济造成了严重的影响。危机之后，亚洲各国为了恢复经济及避免危机的重来，致力于贸易自由化及区域经济一体化，成为了世界经济成长的牵引者并提高了其在世界经济中的地位。与此同时，东亚诸国（地区）区域内贸易关系进一步深化，随着亚洲基础设施投资银行的创立以及环太平洋经济合作协定的推进，今后区域内分工及相互依存关系如何变化将备受瞩目。

　　目前为止，关于东亚区域内分工及诸国相互依存关系的经济研究颇多。在高川冈田（2004）的研究里，通过对宏观贸易数据的处理，推算了 2000 年亚洲国际投入产出表并进行了分析。分析中显示如日本和美国等先进国家也在提高对以中国为首的东亚地区的依存度，并显示在 1985 年之后对中间财的需求已经超过了对最终财的需求。在陈金（2012）的研究里，推算了 2005 年亚洲国际投入产出表并进行了分析。分析中显示从中间财的贸易来看，中国对 ROW（rest of the world）的依存度在减弱，而相反对特别是以 ASEAN5、韩国、中国台湾为中心的东亚地区加强了依赖。也显示以钢铁，非铁金属为中心的重工业或以电子产品，精密机械为中心的机械产业的中间财的进口对象来看，东亚地区的比重在提高。但是这些研究里所采用的国际投入产出表多是以亚洲 10 国（地区）[③] 为对象的 5 年才编制一次的数据库为基础的，作为亚洲新兴国家的印度并没有包含在内。而且，与亚洲诸国贸易往来比较频繁的欧洲各国也并没有被内生化。在日本经济产业省"通商白皮书 2012"报告里，对于东亚地区的国际分工结构，于 1990 年、2000 年及 2010 年三个时间点，分别对材料，中间财及最终财进行了分析。不过

---

　　① 本章内容是在金丹，森俊介. 东亚区域中间财国际分工的进展［J］. 东北亚区域研究，2016（22）. 的基础上修改而成。

　　② 金丹：日本东北大学东北亚研究所，经济学博士。

　　③ 10 个国家（地区）包括：印度尼西亚、马来西亚、菲律宾、新加坡、泰国、中国、中国台湾、韩国、日本、美国等国家和地区。

分析中，因贸易而在各国生产基地间转移的中间财被分类成加工产品与零部件，并不能从详细的部门分类的角度去观察东亚诸国（区域）的分工结构的变化。

因此，为了详细观察东亚地区的有关中间财贸易的近年动向，采用了覆盖亚洲国家较广泛的亚洲国际投入产出产业数据库（YNU – GIO Table）[①]（年度数据库），分析了 1997 年以后东亚地区的国际分工结构和东亚诸国（地区）间的相互依存关系，并且进一步对与区域外国家的依存关系进行了数量分析。

一、数 据 库

本章分析所采用的亚洲国际投入产出数据库（YNU – GIO Table）是由日本横滨国立大学经济学部附属亚洲经济社会研究中心（Center for Economic and Social Studies in Asia，CESSA）公布的数据。YNU – GIO 数据库包括 1997 ~ 2012 年内生国 29 个国家（地区）［其中，亚洲国家（地区）11 个］，外生国 59 个国家，具有 35 个行业分类的年度数据。本章将 35 部门合并为 18 部门（见表 1 – 1）并进行了分析。

表 1 – 1   亚洲国际投入产出表的行业分类

代码	行业	代码	行业
1	农业	10	机械与设备
2	矿业	11	电子与电气机械
3	食品·饮料及烟草制造	12	交通运输设备
4	纺织·服装	13	其他制造业
5	木材与纸制品	14	建筑
6	煤炭与石油制品	15	电力、煤气与水供应
7	化学制品	16	交通运输
8	非金属矿物制品	17	电脑与相关活动
9	金属制品	18	服务业

资料来源：笔者整理。

[①] 在使用亚洲国际投入产出数据库（YNU – GIO Table）的数据时，参考了 Sato, kiyotaka and Nagendra shrestha, 2014, "Global and Regional Shock Transmission：An Asian Perspective", CESSA Working Paper, 2014 – 04, http：//www. recessa. ynu. ac. jp/modules/ynugio/index. php？content_id = 1, 2015 年 7 月 10 日访问网站。

二、总投入基准国际分工率

亚洲国际投入产出分析中的列昂惕夫逆矩阵,从纵向看,显示的是某国在某产业产生 1 单位的需求时,直接或间接对本国及其他内生国家的诸产业中间财所需要的额度。即对其他内生国家的中间财的需求额度,除了通过直接进口的中间财的部分,还包含了其他内生国家在为生产他国所需进口中间财时,间接需要的中间财的额度。由此亚洲国际投入产出分析中的列昂惕夫逆矩阵的列的各要素,也可以表示支持某国某行业生产的本国及其他内生国家的中间财技术方面的关联性。

本国区块内要素的合计与列和的比,即表示本国产业在生产时直接或间接地所需要的国内中间财的比例(国产化率),从 1 将此减去即表示对其他内生国家的中间财的依存率(国产分工率)。

这一指标在以往的研究中多被使用在表示投入方面对中间财的进口依存度,但有一个问题是,没有将从外生国家的进口的作用考虑在内。在亚洲国际投入产出表中,中国香港和其他 ROW 被列为外生国家(地区),其中,以中东为中心的产油国及欧盟诸国也包含在内。从这些国家进口的中间财的投入,在逆矩阵计算中没有被纳入进来。从而使在计算国产化率与国际分工率时,分母中这些国家的中间财投入被剔除,导致国产化率被过高评价或国际分工率被过低评价。因此,在把握中间投入的国际分工结构时,需要将从外生国家或地区进口的中间财的投入结构包含在内。

作为将外生国(地区)包含在分析内的指标之一,长谷部(2002)提出了"总投入基准国产化率(国际分工率)"的概念。根据总投入基准国际分工率的概念,为生产内生国各部门 1 单位的产品所直接或间接需要的包括内生国和外生国在内的中间财的投入额,通过公式(1 - 1)计算。

$$A \times B = \begin{bmatrix} Ad \\ Aw \end{bmatrix} \begin{bmatrix} B \end{bmatrix} \qquad (1-1)$$

A 为中间财投入系数,Ad 为内生国投入系数,Aw 为外生国投入系数,B 为列昂惕夫逆矩阵。若将(1 - 1)式的右边作为 D,即内生国各部门生产 1 单位时,对内生国及外生国的波及中间财投入额,可以通过 D 的各国各部门所对应的列的和求得,而本国占其比例称为"总投入基准国产化率",外生国所占其比例称为

"总投入基准国际分工率"①。

（一）东亚诸国（地区）的国产化率

从表 1 - 2 所示，由 1997 ~ 2012 年东亚诸国（地区）的国产化率的推移可以看出，马来西亚与菲律宾的国产化率在提高，但是大部分国家的国产化率在降低。这表明对他国（地区）的进口依存度在提高，且区域内贸易或与区域外的贸易在增加。为了分析区域内（或区域外）的贸易结构及相互依存关系，下一节里将会分析从他国（地区）进口中间财的情况。

表 1 - 2   东亚诸国（地区）的国产化率的推移   单位：%

国家（地区）	1997 年	1998 年	1999 年	2000 年	2001 年	2002 年	2003 年	2004 年
中国	89.3	90.1	89.2	87.3	87.5	86.3	83.8	81.6
日本	91.0	91.6	91.8	90.9	90.5	90.3	89.5	88.4
韩国	70.8	69.4	70.5	67.4	69.1	70.3	70.7	67.9
中国台湾	66.6	66.2	66.7	62.6	65.6	65.6	61.9	57.9
新加坡	22.1	29.3	24.8	19.6	20.4	19.4	15.1	12.7
马来西亚	47.1	43.2	43.2	39.1	42.4	42.7	50.6	47.2
泰国	70.9	71.4	73.7	66.9	65.5	66.9	64.3	61.5
印度尼西亚	79.5	67.8	77.4	73.4	73.8	77.1	78.2	75.5
菲律宾	61.1	60.6	62.9	60.7	63.1	62.0	64.6	64.5
越南	66.2	65.1	64.0	62.0	66.1	63.9	61.8	58.5
印度	90.0	88.7	88.0	88.2	88.7	87.1	87.2	85.0
国家（地区）	2005 年	2006 年	2007 年	2008 年	2009 年	2010 年	2011 年	2012 年
中国	81.5	81.5	82.6	83.9	86.9	85.1	85.1	85.5
日本	87.0	85.3	84.2	83.0	87.5	85.9	84.1	84.0
韩国	68.2	67.4	65.5	57.5	62.3	60.1	57.7	58.6
中国台湾	56.0	52.9	51.0	49.9	58.3	51.2	49.8	51.8
新加坡	11.3	9.5	11.2	7.6	15.7	14.3	12.4	14.0

---

① 長谷部勇一. 東アジアにおける貿易と経済成長 [J]. 横浜国際社会科学研究，2002（7）：125 - 145.

续表

国家（地区）	2005 年	2006 年	2007 年	2008 年	2009 年	2010 年	2011 年	2012 年
马来西亚	50. 2	50. 3	51. 2	54. 1	57. 1	54. 8	55. 3	56. 3
泰国	56. 5	58. 0	59. 6	56. 7	62. 6	60. 3	56. 0	56. 2
印度尼西亚	73. 5	76. 4	77. 1	75. 5	80. 4	79. 1	77. 8	77. 7
菲律宾	66. 5	68. 2	70. 9	73. 0	76. 3	73. 9	74. 3	75. 3
越南	60. 0	58. 2	52. 6	52. 3	56. 8	53. 1	51. 2	54. 4
印度	83. 1	81. 0	79. 9	77. 8	79. 9	78. 6	75. 7	75. 3

资料来源：笔者整理。

（二） 东亚区域内、区域外的中间财贸易

对于东亚地区的国际分工结构的分析，有很多先行研究已经表明区域内分工在深化，中间财的贸易额在上升，但是根据最近的中间财贸易额数据进行分析的研究并不多见。本章通过 1997～2012 年东亚诸国（地区）的区域内及区域外的中间财贸易的变化来进行分析。表 1－3 显示的是，东亚诸国（地区）的中间财贸易对象国的名次变化（前 10 位）情况。

表 1－3　　　东亚诸国（地区）的区域内和区域外的中间财贸易的变化　　　单位：%

中国

排名	国家（地区）	1997 年	国家（地区）	2012 年
1	日本	2. 16	美国	1. 55
2	美国	1. 22	日本	1. 52
3	中国台湾	1. 11	韩国	1. 48
4	韩国	1. 10	澳大利亚	1. 07
5	德国	0. 56	德国	0. 98
6	其他国家	0. 55	其他国家	0. 82
7	新加坡	0. 49	中国台湾	0. 61
8	泰国	0. 32	巴西	0. 60
9	马来西亚	0. 29	印度	0. 60
10	中国香港	0. 26	马来西亚	0. 54

日本

排名	国家（地区）	1997 年	国家（地区）	2012 年
1	美国	2.61	中国	3.97
2	中国	1.17	美国	2.54
3	韩国	0.52	澳大利亚	1.68
4	其他国家	0.40	韩国	0.87
5	澳大利亚	0.393	其他国家	0.61
6	德国	0.388	印度尼西亚	0.58
7	泰国	0.34	马来西亚	0.58
8	印度尼西亚	0.31	泰国	0.53
9	中国台湾	0.28	德国	0.52
10	加拿大	0.26	其他欧盟国家	0.44

韩国

排名	国家（地区）	1997 年	国家（地区）	2012 年
1	美国	6.42	中国	11.53
2	日本	5.71	日本	5.38
3	中国	4.08	美国	5.09
4	其他国家	1.41	澳大利亚	2.68
5	德国	1.39	德国	1.74
6	澳大利亚	1.09	其他国家	1.58
7	英国	0.91	印度尼西亚	1.14
8	意大利	0.72	马来西亚	1.06
9	印度尼西亚	0.63	其他欧盟国家	0.98
10	新加坡	0.56	石油输出国组织	0.93

马来西亚

排名	国家（地区）	1997 年	国家（地区）	2012 年
1	日本	8.90	中国	6.83
2	美国	6.84	新加坡	5.79
3	新加坡	6.80	美国	4.22

续表

排名	国家（地区）	1997 年	国家（地区）	2012 年
4	中国	4.42	日本	3.17
5	泰国	3.69	印度	2.66
6	其他国家	2.42	印度尼西亚	2.48
7	德国	2.24	泰国	2.42
8	中国台湾	2.22	其他国家	1.80
9	韩国	2.16	中国台湾	1.74
10	印度尼西亚	1.89	德国	1.50

印度尼西亚

排名	国家（地区）	1997 年	国家（地区）	2012 年
1	日本	3.48	中国	4.77
2	美国	2.41	新加坡	2.07
3	中国	2.22	日本	1.78
4	新加坡	1.37	美国	1.69
5	韩国	1.09	马来西亚	1.33
6	澳大利亚	0.89	泰国	1.23
7	德国	0.89	石油输出国组织	1.13
8	其他国家	0.85	韩国	1.07
9	马来西亚	0.83	印度	1.03
10	泰国	0.82	澳大利亚	0.99

菲律宾

排名	国家（地区）	1997 年	国家（地区）	2012 年
1	美国	8.21	中国	4.76
2	日本	6.81	美国	3.52
3	中国	3.01	新加坡	2.56
4	新加坡	2.89	日本	1.88
5	韩国	2.17	中国台湾	1.63
6	中国台湾	2.02	马来西亚	1.36

续表

排名	国家（地区）	1997 年	国家（地区）	2012 年
7	泰国	1.21	韩国	1.06
8	其他国家	1.19	泰国	0.83
9	德国	1.04	澳大利亚	0.78
10	澳大利亚	1.03	印度尼西亚	0.75

印度

排名	国家（地区）	1997 年	国家（地区）	2012 年
1	其他国家	1.12	中国	5.45
2	美国	0.87	其他国家	2.50
3	中国	0.86	美国	1.82
4	英国	0.77	马来西亚	1.21
5	日本	0.73	石油输出国组织	1.19
6	德国	0.68	印度尼西亚	1.15
7	马来西亚	0.54	德国	1.14
8	比利时	0.52	韩国	1.05
9	意大利	0.37	澳大利亚	1.04
10	印度尼西亚	0.31	日本	0.92

澳大利亚

排名	国家（地区）	1997 年	国家（地区）	2012 年
1	美国	3.91	中国	2.67
2	其他国家	1.93	其他国家	2.26
3	日本	1.71	美国	2.13
4	英国	1.03	马来西亚	1.12
5	印度尼西亚	0.84	印度尼西亚	0.80
6	中国	0.83	日本	0.70
7	德国	0.81	新加坡	0.58
8	意大利	0.57	德国	0.57
9	新加坡	0.48	泰国	0.54
10	韩国	0.46	英国	0.51

美国

排名	国家（地区）	1997 年	国家（地区）	2012 年
1	加拿大	1.68	加拿大	2.60
2	日本	1.48	中国	2.04
3	墨西哥	0.99	墨西哥	1.38
4	其他国家	0.64	日本	0.85
5	德国	0.64	其他国家	0.83
6	英国	0.63	德国	0.75
7	中国	0.57	英国	0.57
8	法国	0.40	印度	0.50
9	意大利	0.40	韩国	0.41
10	中国台湾	0.30	巴西	0.41

加拿大

排名	国家（地区）	1997 年	国家（地区）	2012 年
1	美国	19.96	美国	15.96
2	其他国家	1.46	中国	2.09
3	英国	1.42	其他国家	1.48
4	日本	1.10	墨西哥	1.02
5	墨西哥	0.71	英国	0.70
6	德国	0.62	日本	0.65
7	中国	0.59	德国	0.60
8	意大利	0.54	石油输出国组织	0.57
9	石油输出国组织	0.51	其他亚洲国家	0.54
10	法国	0.42	巴西	0.42

德国

排名	国家（地区）	1997 年	国家（地区）	2012 年
1	其他国家	2.61	其他欧盟国家	5.27
2	法国	2.22	其他国家	3.70
3	意大利	2.18	荷兰	3.48

续表

排名	国家（地区）	1997 年	国家（地区）	2012 年
4	其他欧盟国家	1.92	中国	2.84
5	英国	1.89	美国	2.68
6	美国	1.88	英国	2.25
7	荷兰	1.83	法国	2.14
8	比利时	1.15	意大利	2.13
9	奥地利	0.94	奥地利	1.81
10	日本	0.81	比利时	1.71

意大利

排名	国家（地区）	1997 年	国家（地区）	2012 年
1	德国	2.96	德国	3.44
2	法国	2.48	其他欧盟国家	2.29
3	其他国家	1.80	中国	1.92
4	英国	1.29	其他国家	1.80
5	美国	1.21	法国	1.73
6	比利时	0.89	荷兰	1.26
7	荷兰	0.89	美国	1.25
8	西班牙	0.88	西班牙	1.20
9	其他欧盟国家	0.87	其他亚洲国家	0.95
10	奥地利	0.56	比利时	0.94

资料来源：笔者整理。

从中国的中间财进口对象来看，1997 年日本最多，美国次之。前 10 位的进口对象国（地区）大部分是东亚国家（地区），但是其份额并不大。到了 2012 年，美国升为第一，但是进口率的增幅不大。除美国之外，澳大利亚及新兴国家印度，巴西的进口也在增加。但是从亚洲诸国（地区）的进口率的总和是压倒性的。

从日本的中间财进口对象来看，1997 年美国占据第一位，中国、韩国分别占据第二位和第三位，之后是澳大利亚与德国。但是到了 2012 年，中国赶超美国，成为对日本出口最多的国家。且从亚洲诸国的中间财的进口率的增加显著。与 1997 年相比，2012 年日本从亚洲诸国的进口超过了从其他国家（地区）的进口。

从韩国的中间财进口对象来看，1997 年进口对象国除了中国之外，欧美国家占据大多数。到了 2012 年，从中国的进口飞跃性地增加，而从欧美国家的进口在减少。从澳大利亚及东亚国家的进口也在增加。

从马来西亚的中间财进口对象来看，1997 年日本，美国与新加坡分别占据第一位和第三位。进口对象前 10 位国家（地区）中，除美国与德国之外基本都是亚洲国家（地区）。但是到了 2012 年，中国占据了第一位的同时，从印度及印度尼西亚的进口的比例也在大幅增加。从 1997 年占据前十位的多数国家（地区）的进口率减少了。

从印度尼西亚的中间财进口对象来看，1997 年日本占第一位，美国与中国分别是第二位和第三位，但是差距不是很大。从新加坡和韩国的进口占一定比例。到了 2012 年，从中国与新加坡的进口增加，从新加坡的进口比例超过了日本。从欧洲的进口减少，但从 OPEC 及印度的进口在增加。

从菲律宾的中间财进口对象来看，1997 年美国最多，亚洲诸国（地区）占上位。到了 2012 年，中国赶超美国成为最大的出口国，而且从亚洲各国（地区）的进口也进一步扩大。

从印度的中间财进口对象来看，1997 年从欧洲的进口比较多。但是到了 2012 年，从欧洲的进口减少，从中国的进口大幅增加。从日本的进口最少，从马来西亚、OPEC 与印度尼西亚的进口在大幅增加。

如上所述，东亚区域中间财贸易结构的特征可以总结如下：①2012 年被誉为"世界工厂"的中国名副其实地成为了向亚洲各国的第一出口国。近年，中国从东亚诸国（地区）的进口份额不断增加的同时，也在全球性地拓展出口对象国，如美国，欧盟国家，澳大利亚，南美及新兴国家印度等。②1997 年占东亚诸国（地区）进口比例比较大的欧洲，到了 2012 年其比例大幅降低。③日本、中国、韩国三个国家与澳大利亚的贸易都在大幅增加。④马来西亚、印度尼西亚、菲律宾三个国家与新加坡的贸易关系在深化。⑤印度作为新兴国家在加强与亚洲国家的合作时，也在扩大与国际石油输出国组织（OPEC）的贸易。

虽说东亚地区在强化区域内贸易关系，但是区域外的美国，德国，澳大利亚等国家所占份额也在增加。澳大利亚的中间财进口对象，与 1997 年相比，2012 年从欧美的进口减少，从东亚的进口增加了近 1.5 倍。美国的中间财进口对象，1997 年除了第二位的日本，主要是与北美自由贸易协定（NAFTA）缔结国的交易，除此之外与欧洲的贸易占据了大部分。到了2012年，中国超过日本成为第二位，并增加了从印度和韩国的进口。占进口前几位的国家几乎没有变化。加拿大的中间财进口对象，1997年从日本和中国的进口较多，但2012年从其他亚洲地区的进口在增加。德国与意大利的中间财进口对象，1997年除了美国以外的交易对象基本都是欧洲国家。但到了2012年从中国的进口增加了。

从以上的分析可以看出，东亚地区与区域外的贸易关系，①欧洲诸国是在EU圈内完成中间财贸易的。②与此相反，澳大利亚正积极从东亚诸国进口中间财，美国除了中国以外从印度及韩国的中间财的进口在增加。但是，除了中国、印度及韩国，从东亚诸国的进口份额不多。

从东亚地区的区域内和区域外贸易的相互关系综合来看，就中间财来说，东亚诸国（地区）的区域内生产分工进行得非常活跃。

（三）东亚诸国（地区）各部门的中间财贸易

从上一节可以看出，东亚地区中间财的区域内国际分工在深化。这一节将对区域内贸易中主要国家的按行业分类的需求与按行业分类的供给间的相互依存关系进行详细的分析。

图1-1表示在东亚区域贸易中，哪个国家的哪个部门对中间财的需求更多些。中国在1997年，"10. 机械与设备""11. 电子与电气机械""12. 交通运输设备"部门从日本的进口最多，但是到了2012年，"10. 机械与设备""11. 电子与电气机械"部门的中间财的进口增多，进口对象变为韩国。同时，中国大多数部门在增加从东亚诸国（地区）的中间财进口。

日本在1997年，"10. 机械与设备""11. 电子与电气机械""13. 其他制造业（精密器械）"部门对中间财的进口比较多，而到了2012年，"7. 化学制品""10. 机械与设备""12. 交通运输设备"部门的进口增多。特别是从中国的"4. 纺织与服装"部门的进口增加较显著。

对于韩国，中间财的进口比例较多的部门如下：1997年，从中国的"3. 食品·饮料及烟草制造""4. 纺织与服装"部门，从日本的"12. 交通运输设备"部门的进口较多。到了2012年，从中国的"10. 机械与设备""12. 交通运输设备"部门的进口增多。

马来西亚在1997年，从日本的"11. 电子与电气机械""12. 交通运输设备"部门，从新加坡的"10. 机械与设备"部门的进口较多。而到了2012年，进口多的部门变为"4. 纺织与服装""10. 机械与设备""12. 交通运输设备"部门。

　　印度尼西亚在 1997 年从日本的"10. 机械与设备""12. 交通运输设备""13. 其他制造业（精密器械）"部门的中间财进口较多，到了 2012 年，对"4. 纺织与服装""7. 化学制品""11. 电子与电气机械"部门的中间财的需求增加。

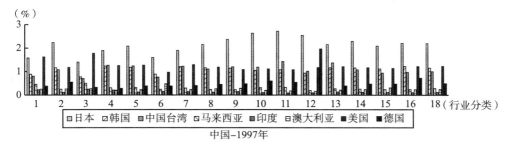

中国–1997年

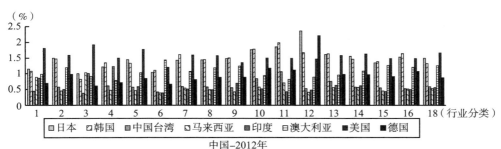

中国–2012年

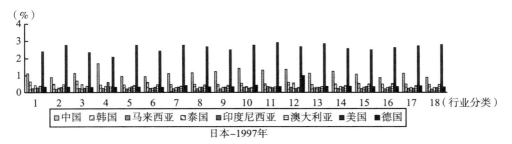

日本–1997年

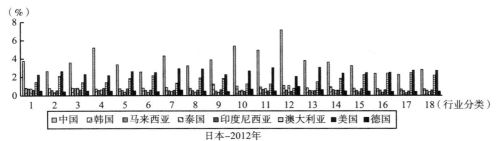

日本–2012年

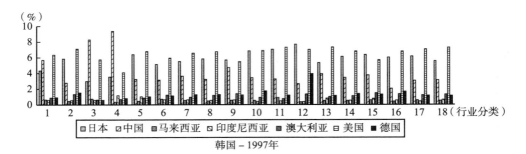

韩国 – 1997年

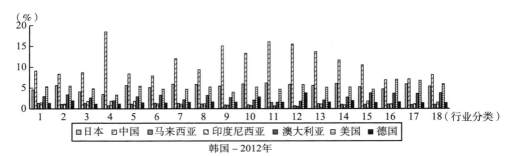

韩国 – 2012年

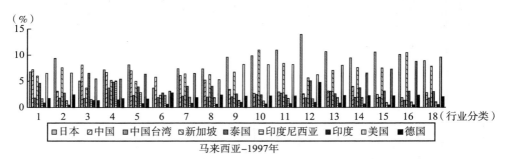

马来西亚–1997年

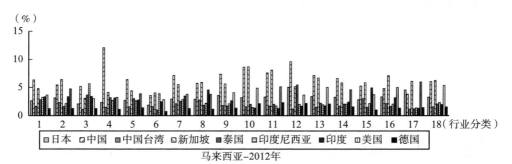

马来西亚–2012年

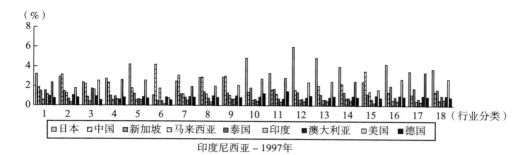

印度尼西亚 – 1997年

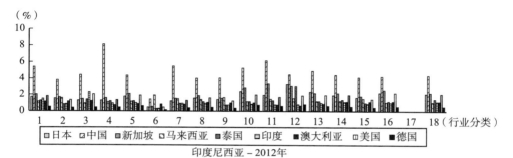

印度尼西亚 – 2012年

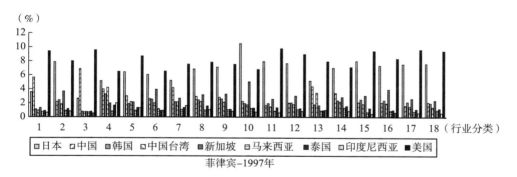

菲律宾–1997年

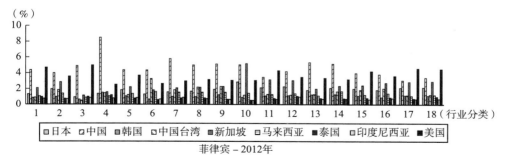

菲律宾 – 2012年

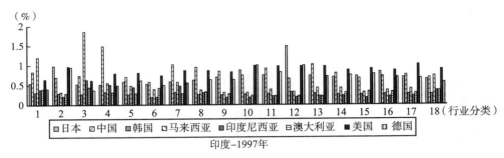

印度-1997年

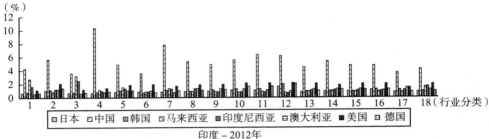

印度 - 2012年

图1-1　东亚诸国（地区）各国各部门需求下的中间财贸易

注：部门名称参照表1-1中的代码与行业分类对照表。

资料来源：笔者整理。

　　菲律宾在1997年，从新加坡的"10. 机械与设备"部门、美国的"3. 食品·饮料及烟草制造""11. 电子与电气机械"部门进口的中间财较多。到了2012年，对"4. 纺织与服装""7. 化学制品""13. 其他制造业（精密器械）"部门的中间财的需求增加。

　　印度在1997年，对"3. 食品·饮料及烟草制造""4. 纺织与服装""12. 交通运输设备"部门的中间财的需求较多，到2012年，对"4. 纺织与服装""7. 化学制品""11. 电子与电气机械"部门的需求增加。

　　图1-2表示各国对于中间财的需要是由哪个国家的哪个部门提供的。1997年对于亚洲各国的需求，从中国的"1. 农业""4. 纺织与服装"、日本的"12. 交通运输设备""14. 建筑""16. 交通运输"、韩国的"11. 电子与电气机械""14. 建筑"、马来西亚的"11. 电子与电气机械"、印度尼西亚的"2. 矿业""4. 纺织与服装""7. 化学制品"、菲律宾的"1. 农业""6. 煤炭与石油制品"、印度的"1. 农业""3. 食品·饮料及烟草制造""9. 金属制品"部门的供给较多。到了2012年，对于各国的需求，从中国的"7. 化学制品""9. 金属制品""11. 电子与电气机械"、日本的"7. 化学制品""12. 交通运输设备"

"16. 交通运输"、韩国的"7. 化学制品""9. 金属制品""11. 电子与电气机械"、马来西亚"1. 农业""3. 食品·饮料及烟草制造""6. 煤炭与石油制品"、印度尼西亚"2. 矿业""3. 食品·饮料及烟草制造""14. 建筑"、菲律宾的"6. 煤炭与石油制品""11. 电子与电气机械"、印度的"1. 农业""6. 煤炭与石油制品"部门的供给增加。

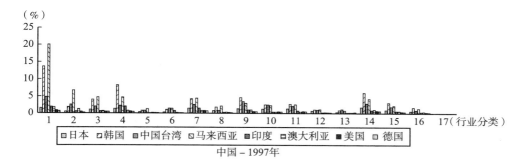

中国 – 1997年

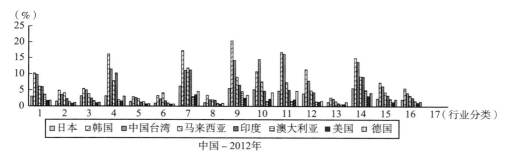

中国 – 2012年

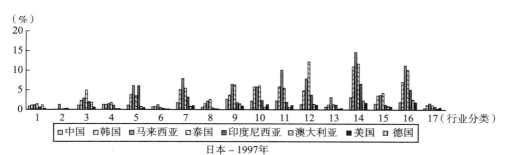

日本 – 1997年

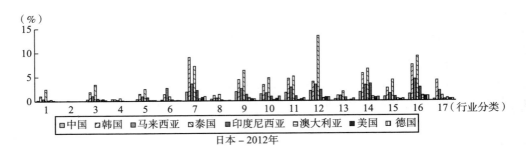

日本－2012年

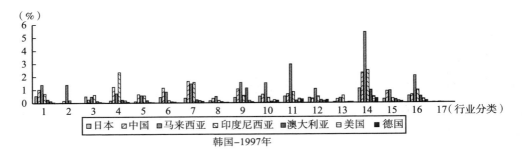

韩国–1997年

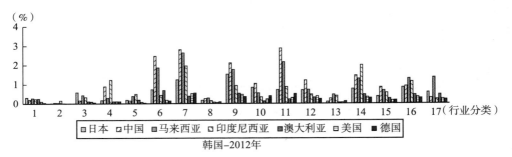

韩国–2012年

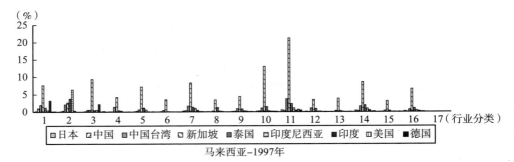

马来西亚–1997年

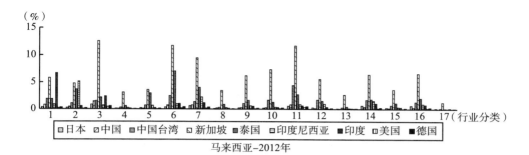

马来西亚-2012年

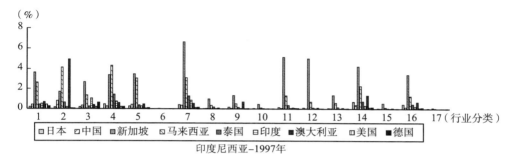

印度尼西亚-1997年

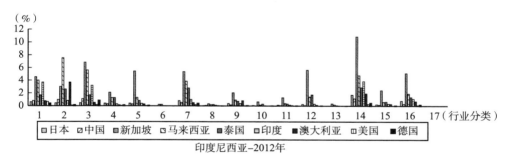

印度尼西亚-2012年

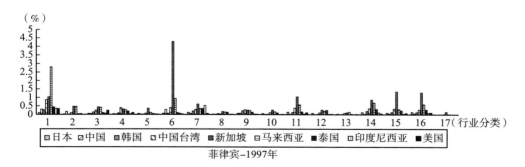

菲律宾-1997年

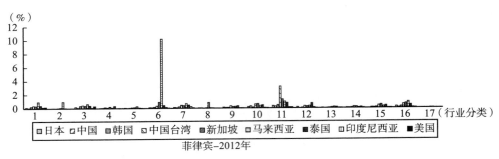

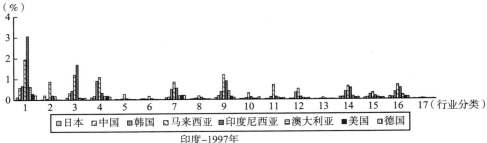

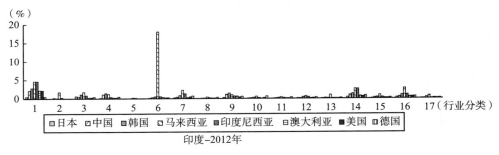

图 1 - 2　东亚诸国（地区）各国各部门的中间财供给

注：部门名称参照表 1 - 1 中的代码与行业分类对照表。
资料来源：笔者整理。

　　由东亚区域内各国的需求与供给结构可得出以下分析结果：关于需求结构，从 1997 年需求较多的"10. 机械与设备""11. 电子与电气机械""12. 交通运输设备"部门转变为 2012 年"4. 纺织与服装""7. 化学制品""11. 电子与电气机械""12. 交通运输设备"部门。关于供给结构，对于东亚各国的需求，日本"7. 化学制品""12. 交通运输设备""16. 交通运输"部门、中国与韩国"7. 化学制品""9. 金属制品""11. 电子与电气机械"部门均在 2012 年增加了供给。其他亚洲诸国则在"1. 农业""3. 食品·饮料及烟草制造""6. 煤炭与石油制品"部门增加了供给。

三、结　　语

　　本章从总投入基准国际分工率的角度分析了东亚地区关于中间财的国际分工结构及东亚各国间的相互依存关系，同时也分析了与区域外的依存关系。从分析中得出以下结论：①中国对于中间财的贸易对象，包括新兴国家印度，在全球性地拓展贸易对象国，同时加强与东亚国家的合作。②美国虽然增加了从中国、日本和韩国的进口，但是与其他东亚地区的合作还较弱。③日本在东亚区域内中间财贸易的份额在逐渐减少，特别是与新兴国家印度的合作滞后。④欧洲各国在EU圈内进行中间财贸易。随着东亚区域内生产分工的深化，在世界贸易中的东亚经济圈的地位日益增强，近年来，环太平洋经济合作协定（TPP）交涉亦成为焦点。但是主导TPP交涉的美国在对东亚地区出口多进口少的情况下，在追求共赢的时代，交涉能否得到真正意义上的成果还需斟酌。

　　另外，从东亚区域内的需求与供给结构，得出以下分析结果：①"电子与电气机械"部门在需求与供给两方面，其贸易额都在增加。②对于东亚各国的需求，中国、日本、韩国在"化学制品"部门的供给都在增加。③中国与韩国在"金属制品""电子与电气机械"部门的供给都在增加。④马来西亚、菲律宾、印度在"农业"与"煤炭与石油制品"部门的供给都在增加。这些可以说明在东亚区域内中间财供给方面，由于中国与韩国的技术力量的提高，中日韩在"化学制品""金属制品"及"电子与电气机械"部门正在产生竞争的关系，或者将来有可能产生。并且可以看出，在多数采取出口主导型战略的东亚诸国的按部门供给来看，不能仅限于材料及加工制造部门的供给，还要有更长远的发展战略。

第二章　日本企业在中国投资的变迁及特征分析

朱永浩[①]

改革开放以来，中国经济保持 40 年高速增长，取得了举世瞩目的成就。尤其是 2001 年 12 月 10 日，中国正式加入世界贸易组织（World Trade Orgenzation，WTO）后，在国际经济中的地位也得到了大幅提升。2009 年以后，中国经济总量超过日本成为世界第二大经济体。

回顾 20 世纪 90 年代以来，中国经济在进一步融入经济全球化进程中，与同属东亚地区的邻国——日本，在经贸合作方面取得了很大的成果，中国已成为日本最大的贸易伙伴。中日两国经贸合作关系越来越密切，已形成了互惠互补、互利共赢的良好合作局面。在两国经济关系不断深化的过程中，日本一直是中国重要的外商直接投资（foreign direct investment，FDI[②]）来源国，中国改革开放以来，日本企业的在中国投资对中国的经济发展起到了重要的推动作用。笔者将从投资规模、目的、行业和区域分布等方面，分析日本企业对中国投资的变迁过程及其特征，并对其未来进行展望。

一、在中国日资企业占日本海外当地法人企业总数的比重

改革开放以来，日本企业对中国投资历经了许多变迁，特别是进入 21 世纪后，贸易额更是大幅增长，投资范围全面深化。日本经济产业省发表的《第 40 次海外事业活动基本调查结果》以及《第 47 次海外事业活动基本调查结

---

① 朱永浩：日本福岛大学副教授，博士。
② 本章如无特殊强调，外商投资及对中国投资均指外商直接投资（FDI）。

果》显示：2016 年度（日本财政年度）末的日本海外当地法人①企业总数为
24959 家，比 2008 年度的 17658 家增加 41.3%。其中，2016 年度在中国日资企业
为 7526 家，比 2008 年度的 5130 家增加 46.7%。在中国日资企业数量占日本海
外当地法人企业总数的比重由 2009 年 3 月末的 29.1% 提高到 2017 年 3 月末的
30.2%（见表 2-1）。

表 2-1   日本海外当地法人分布概要

项目		2008 年度末		2016 年度末	
		企业数（家）	比率（%）	企业数（家）	比率（%）
合计		17658	100.0	24959	100.0
	北美地区	2865	16.2	3235	13.0
	亚洲地区	10712	60.7	16512	66.2
	中国	5130	29.1	7526	30.2
	ASEAN4 国	2891	16.4	4521	18.1
	NICs3	2072	11.7	2824	11.2
	其他	619	3.5	1678	6.7
	欧洲地区	2513	14.2	2900	11.6
	其他地区	1568	8.9	2312	9.3

注：日本海外当地法人中不包括金融保险业、不动产业。
资料来源：日本经济产业省. 第 40 次海外事业活动基本调查概要 ［R］.2011，4：2. 日本经济产业省.
第 47 次海外事业活动基本调查概要 ［R］.2018，5：10.

二、日本对中国投资的 4 次高峰及区域、产业分布特点

　　1985 年广场协议之后的日元升值成为日本企业对中国投资的契机。由于日
元升值，许多日本企业在日本国内生产的产品不再具有竞争力，所以开始将生产
基地向包括中国在内的亚洲各国/地区转移（JETRO 海外调查部中国北亚科，
2011）。回顾日本对中国投资的历史，日本对中国投资经历了 4 次高峰，投资额

---

　　① 　本调查中的海外当地法人，包括以下 3 种情况。（1）日方出资者（日方母公司）的出资比率超过
10% 的当地法人；（2）由日方母公司出资比率超过 50% 的子公司设立，且该子公司的出资比率超过 50%
的当地法人；（3）由日方母公司与母公司出资比率超过 50% 的子公司共同出资设立，且出资比率合计超
过 50% 的当地法人。

变迁及其特点，具体见图2-1、表2-2。

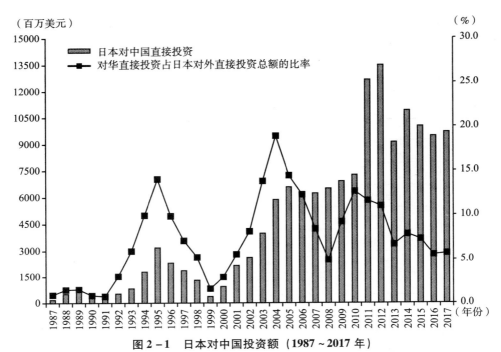

图2-1　日本对中国投资额（1987~2017年）

注：日本在中国投资不包括对中国香港特别行政区、澳门特别行政区和中国台湾地区的投资。
资料来源：根据日本贸易振兴机构（JETRO）的数据计算整理。

表2-2　　　　　　　　　**不同时期日本企业对中国投资的特征**

项目	20世纪80年代后半期	20世纪90年代前半期	20世纪90年代后半期	21世纪00年代前半期	21世纪00年代后半期	21世纪10年代前半期
投资诱因	①丰富廉价且优秀的劳动力	在①的基础上，②基础设施丰富、③市场经济化	在①~③的基础上，零件筹备	在①~③的基础上，④市场、⑤WTO加盟、⑥R&D（研发）	①~⑥	在①~⑥的基础上，拓展第三国（地区市场）
主要投资地区	大连	大连、珠江三角洲	珠江三角洲、长江三角洲	珠江三角洲、长江三角洲、环渤海地区	珠江三角洲、长江三角洲、环渤海地区	珠江三角洲、长江三角洲、环渤海地区、内陆地区

续表

项目	20 世纪 80 年代后半期	20 世纪 90 年代前半期	20 世纪 90 年代后半期	21 世纪 00 年代前半期	21 世纪 00 年代后半期	21 世纪 10 年代前半期
主要投资行业	纺织、日用品、食品，	电器电子、机械、摩托车	电器电子、机械、化学	汽车、食品、电器电子、机械、化学、软件开发、R&D	汽车、食品、电器电子、机械、化学、节能环保、批发零售、金融保险、软件开发	汽车、食品、电器电子、机械、化学、节能环保、批发零售、金融保险、软件开发

资料来源：JETRO 海外调查部中国北亚科 . 中国 GDP 世界第二位时代的日本企业对中国商业战略［R］. 日本贸易振兴机构，2011：22.

　　日本企业对中国投资的第 1 次高峰发生在日元持续升值的 20 世纪 80 年代后半期。当时纺织、日用品、食品加工等轻工产业为主的日本企业急需廉价丰富的劳动力，因此，选择了与日本距离较近且日语人才资源较为丰富的中国辽宁省大连市作为主要投资地。中国政府于 1986 年 10 月颁布了《国务院关于鼓励外商投资的规定》，并于 1988 年 1 月开始实行"沿海经济发展战略"。这一系列举措都对改善投资环境、吸收外商投资及引进国外先进技术起到了有效地推动作用。

　　第二次对中国投资高峰出现在 20 世纪 90 年代前半期。1992 年，邓小平的南方谈话标志着中国加速市场经济化进程，以及对外开放政策的不变性和持续性，有效地为外商投资中国注入了信心。这一时期，除了廉价丰富的劳动力条件外，中国国内的社会基础设施也得到了一定改善。日本对中国投资的主要地点除了大连以外，还聚集于珠江三角洲。投资的行业除原有的纺织、日用品、食品加工行业外，还有电器电子、机械、摩托车等行业。但是，1997 年，由于爆发了席卷全球的亚洲金融危机，日本的银行业及证券业也遭到了破产冲击，日本经济跌入了低谷。受其影响，1997～1999 年日本对中国投资也大幅度衰减。

　　2000～2012 年，日本企业的对中国投资迎来第 3 次高峰。随着中国 2001 年正式加盟 WTO 后，享受到了平等的成员国待遇，也促使中国经济与国际经济接轨，为吸引外资创造了制度和政策等良好的软环境。与以往两次投资高峰不同，这一时期日本企业对中国投资在之前的生产基地的基础上，增加了为开拓中国市场进行布局的目的性投资成分，克服了 2008 年的世界金融危机以后，投资的行业由此前的劳动密集型产业，扩展至资本密集型、技术密集型产业。此外，投资地区也从珠江三角洲地区、长江三角洲地区，扩大到了北京市和天津市为中心的环渤海地区。

2013~2017 年的日本对中国投资持续五年低于 2012 年水准，2017 年的对中国投资额为 96.8 亿美元。在世界经济减速的环境下，虽然日本企业对中国直接投资的金额出现下降，日本对于及时恢复景气的中国，表现出超出以往的关注，但日本企业呈现出不断积极开拓中国市场，对中国市场依赖程度持续加深，在物流等非制造业领域的投资进一步加强。

从表 2-3 可知，2005~2016 年日本对中国投资产业分布情况来看，投资产业大部分集中在制造业的格局基本没有改变。但近几年对中国投资在批发零售业、金融业等非制造业中也呈现增长趋势（见表 2-3）。在金融业领域中，伴随着日本企业的商业拓展，日本银行在此前没有进行投资的地区相继开设分支机构。瑞穗实业银行 2007 年 6 月在上海成立独资子公司（瑞穗实业银行（中国）有限公司），并于 2009 年 3 月在湖北省武汉市设立分行，这是日本银行首次在中国中西部开设分行。三菱东京 UFJ 银行于 2010 年 3 月在中国设立独资子公司（三菱东京日联银行（中国）有限公司），并在四川省成都市开设分行。三井住友银行也于 2010 年 6 月全额出资在中国设立子公司（三井住友银行（中国）有限公司），并在辽宁省沈阳市开设分行（JETRO 海外调查部中国北亚科，2011）。

三、日本企业对中国投资的主要目的

跨国企业的投资目的主要体现在四个方面：①劳动成本指向性投资；②市场指向性投资；③资源指向性投资；④污染产业移转性投资。而投资目的的差异，主要与在中国投资的企业规模、投资的行业和母公司的规模等有关，一般中小企业和劳动密集型产业主要是追求成本最低，通过降低总费用增加产品的竞争力；而大型企业则更注重于企业的将来发展趋势，因此开拓和扩大当地市场、减少贸易壁垒、建立国际生产网络和销售网络体系、增加产品在国际市场的占有率就成为大型企业投资的主要动机（张文忠、庞效民、杨荫凯，2000）。

日本在对中国投资目的上与其他投资国有共性的一面，即都是为了降低生产成本、占有当地市场、采取迂回战略、缓和贸易摩擦等。近年来，日本企业对中国投资呈现明显的市场指向性特点。根据日本经济产业省 2011 年 4 月公布的《第 40 回海外事业活动基本调查概要》显示：2009 年，日本企业对中国投资的最主要目的是"当地需求旺盛、产品销路好，市场有望进一步扩大"，占被调查

表 2 - 3 日本对中国投资产业分布情况（2005~2016 年）

单位：亿日元

	2005 年		2006 年		2007 年		2008 年		2009 年		2010 年	
	直接投资额	比率（%）	直接投资额	比率（%）	直接投资额	比率（%）	直接投资额	比率（%）	直接投资额	比率（%）	直接投资额	比率（%）
制造业（小计）	5634	77.58	5670	79.06	4926	67.43	5017	74.88	4615	71.09	3896	62.0
食品	249	3.43	216	3.01	207	2.83	397	5.93	827	12.74	107	1.7
纺织	325	4.48	110	1.53	76	1.04	86	1.28	154	2.37	70	1.1
木材造纸	38	0.52	41	0.57	552	7.56	105	1.57	455	7.01	249	4.0
化学、医药	688	9.47	551	7.68	371	5.08	467	6.97	444	6.84	464	7.4
石油	37	0.51	n.a.	n.a.	-6	-0.08	-1	-0.01	4	0.06	-6	-0.1
橡胶、皮革	209	2.88	266	3.71	231	3.16	68	1.01	-6	-0.09	253	4.0
玻璃、泥石	102	1.4	136	1.9	112	1.53	151	2.25	119	1.83	45	0.7
钢铁、有色金属	417	5.74	309	4.31	601	8.23	589	8.79	337	5.19	446	7.1
一般机械	507	6.98	594	8.28	667	9.13	741	11.06	617	9.5	865	13.8
电气设备	950	13.08	1487	20.73	940	12.87	1085	16.19	583	8.98	364	5.8
运输机械	1137	15.66	1330	18.54	889	12.17	1019	15.21	907	13.97	854	13.6
精密机械	395	5.44	219	3.05	80	1.1	93	1.39	85	1.31	36	0.6

续表

	2005 年		2006 年		2007 年		2008 年		2009 年		2010 年	
	直接投资额	比率(%)	直接投资额	比率(%)	直接投资额	比率(%)	直接投资额	比率(%)	直接投资额	比率(%)	直接投资额	比率(%)
非制造业（小计）	1628	22.42	1502	20.94	2378	32.55	1683	25.12	1877	28.91	2388	38.0
农业、林木业	5	0.07	15	0.21	5	0.07	8	0.12	3	0.05	n.a.	n.a.
渔业、水产业	6	0.08	5	0.07	9	0.12	27	0.4	1	0.02	n.a.	n.a.
矿业	5	0.07	—	—	1	0.01	n.a.	n.a.	—	—	0	0.0
建筑业	5	0	-28	0	22	0	-3	0	9	0	22	0.4
运输业	46	0.63	110	1.53	95	1.3	107	1.6	59	0.91	24	0.4
通讯业	27	0.37	27	0.38	48	0.66	111	1.66	13	0.2	47	0.7
批发零售业	534	7.35	734	10.23	642	8.79	794	11.85	805	12.4	924	14.7
金融保险业	597	8.22	275	3.83	1098	15.03	80	1.19	938	14.45	818	13.0
不动产业	141	1.94	38	0.53	202	2.77	319	4.76	-71	-1.09	267	4.2
服务业	109	1.5	115	1.6	184	2.52	137	2.04	90	1.39	292	4.6
合计	7262	100	7172	100	7305	100	6700	100	6492	100	6284	100

续表

	2011 年		2012 年		2013 年		2014 年		2015 年		2016 年	
	直接投资额	比率(%)	直接投资额	比率(%)	直接投资额	比率(%)	直接投资额	比率(%)	直接投资额	比率(%)	直接投资额	比率(%)
制造业(小计)	6948	69.16	7334	68.17	5507	62.09	3890	56.16	6154	60.51	5946	60.41
食品	173	1.72	211	1.96	326	3.68	272	3.93	334	3.28	139	1.41
纺织	431	4.29	186	1.73	84	0.95	0	0.00	-56	-0.55	24	0.24
木材造纸	276	2.75	339	3.15	211	2.38	113	1.63	205	2.02	15	0.15
化学、医药	823	8.19	690	6.41	523	5.90	507	7.32	413	4.06	526	5.34
石油	n. a.	n. a.	4	0.04	-1	-0.01	7	0.10	29	0.29	44	0.45
橡胶、皮革	179	1.78	219	2.04	152	1.71	65	0.94	268	2.64	247	2.51
玻璃、泥石	240	2.39	108	1.00	167	1.88	259	3.74	236	2.32	123	1.25
钢铁、有色金属	1012	10.07	729	6.78	650	7.33	449	6.48	275	2.70	195	1.98
一般机械	1426	14.19	1375	12.78	1054	11.88	729	10.52	1696	16.68	1929	19.60
电气设备	796	7.92	1035	9.62	597	6.73	115	1.66	1066	10.48	1271	12.91
运输机械	1162	11.57	2257	20.98	1560	17.59	1198	17.29	1448	14.24	1416	14.39
精密机械	217	2.16	1	0.01	12	0.14	27	0.39	18	0.18	50	0.51

续表

	2011 年		2012 年		2013 年		2014 年		2015 年		2016 年	
	直接投资额	比率(%)	直接投资额	比率(%)	直接投资额	比率(%)	直接投资额	比率(%)	直接投资额	比率(%)	直接投资额	比率(%)
非制造业（小计）	3097	30.83	3425	31.83	3362	37.90	3037	43.84	4015	39.48	3897	39.59
农业、林木业	6	0.06	0	0.00	28	0.32	2	0.03	5	0.05	6	0.06
渔业、水产业	n.a.	n.a.	n.a.	n.a.	n.a.	n.a.	n.a.	n.a.	n.a.	n.a.	-9	0.09
矿业	-	-	n.a.	n.a.	-	-	-	-	-57	0.56	16	0.16
建筑业	11	0.11	10	0.09	12	0.14	30	0.43	40	0.39	65	0.66
运输业	53	0.53	124	1.15	67	0.76	39	0.56	16	0.16	129	1.31
通讯业	245	2.44	112	1.04	32	0.36	16	0.23	44	0.43	0	0.00
批发零售业	1506	14.99	1572	14.61	1085	12.23	1150	16.60	2047	20.13	2399	24.37
金融保险业	590	5.87	494	4.59	977	11.01	1313	18.95	1152	11.33	956	9.71
不动产业	512	5.10	803	7.46	886	9.99	278	4.01	503	4.95	232	2.36
服务产业	179	1.78	303	2.82	256	2.89	130	1.88	197	1.94	152	1.54
合计	10046	100	10759	100	8870	100	6927	100	10170	100	9843	100

注：（1）不满 3 项的项目用"n.a."表示，没有资料的项目用"-"表示。
（2）"制造业（小计）"和"非制造业（小计）"的合计，与表上各行业的合计不一定完全相符。
（3）本表日本在中国投资不包括对中国香港特别行政区、澳门特别行政区和台湾地区的投资。
资料来源：根据日本财务省统计数据计算整理。

对象企业总数的68.1%，大大超过"确保廉价、优质劳动力"所占的26.2%。其他原因及比例分别是："包括采购对象在内，当地日资企业较多"占25.6%，"周边和邻近国家对制品的需求旺盛，出口市场有望进一步扩大"占22.5%，"当地生产有质量保证和价格优势，能够向日本返销"占11.3%，"在税务、融资等方面有优惠政策"占10.6%，"当地采购零部件等比较方便"占7.5%，"当地政府实施产业扶持和产业保护政策"占6.7%，"社会基础设施基本完备"占6.5%，"易于确保技术人员"占5.4%，"土地等当地资本成本低"占4.5%。

　　近些年上述趋势依旧在持续，即日本扩大对中国直接投资的最主要目的为拓展在中国销售市场。以制造业为例，2005年度，日本在中国制造业企业的销售区位以当地销售为中心，当地销售大大超过向日本和其他国家出口的比例。从2005年度各产业的情况看，各产业都是以开拓和占领中国当地市场为主要目的，特别是钢铁（92.5%）、食品（85.0%）、化工（78.3%）、有色金属（71.1%）产业表现尤为突出。依据2016年度数据显示，日本在中国制造业企业开拓和占领当地市场趋势近年没有发生变化，在钢铁（94.8%）、食品（97.7%）、化工（79.9.3%）、有色金属（88.3%）等领域尤为明显，而且其比率有所增加（见表2-4）。

表2-4　　日本在中国制造业企业的当地销售与向日本、第三国出口情况　　单位：%

项目	2005年度			项目	2016年度		
	当地销售	向日本出口	向第三国（地区出口）		当地销售	向日本出口	向第三国（地区出口）
制造业合计	54.9	27.2	17.9	制造业合计	55.1	16.7	28.2
食品	85.0	12.7	2.3	食品	97.7	1.6	0.7
纺织	42.7	48.7	8.6	纺织	54.1	34.0	12.0
木材造纸	n.a.	n.a.	n.a.	木材造纸	n.a.	n.a.	n.a.
化工	78.3	14.1	7.6	化工	79.9	8.2	11.9
石油煤炭	n.a.	n.a.	n.a.	石油煤炭	96.6	2.7	0.7
窑业·泥石	—	—	—	窑业·泥石	65.9	19.1	15.0
钢铁	92.5	2.0	5.4	钢铁	94.8	0.8	4.4
有色金属	70.1	20.7	9.2	有色金属	88.3	8.2	3.5
金属制品	n.a.	n.a.	n.a.	金属制品	62.0	22.8	15.2
一般机械	46.6	33.7	19.7	通用机械	50.9	33.0	16.1

续表

项目	2005 年度			项目	2016 年度		
	当地销售	向日本出口	向第三国（地区出口）		当地销售	向日本出口	向第三国（地区出口）
通用机械	—	—	—	生产用机械	69.8	23.2	6.9
生产用机械	—	—	—	业务用机械	14.3	51.9	33.8
业务用机械	—	—	—	电气设备	54.2	27.8	18.1
电气设备	44.6	33.8	21.6	信息通讯机械	29.9	53.6	16.5
信息通讯机械	30.2	34.6	35.2	运输机械	n. a.	n. a.	n. a.
运输机械	74.8	16.1	9.1	其他	—	—	—
精密机械	n. a.	n. a.	n. a.	—	—	—	—
其他	53.5	33.5	12.9				

注：（1）2005 年度和 2016 年度均为日本财政年度（从当年 4 月 1 日至次年 3 月 31 日）。

（2）无法得到有效值的项目用"n. a."表示，因统计标准改变没有该数据的项目用"—"表示。

（3）本表日本在中国制造业企业合计中不包括中国香港特别行政区、澳门特别行政区和台湾地区的日资企业。

资料来源：根据日本经济产业省《第 36 次海外事业活动基本调查概要确报》（2007 年 9 月公布）、《第 47 次海外事业活动基本调查概要确报》（2017 年 7 月公布）的数据整理计算。

四、日本企业在中国投资面临的问题及发展趋势

日本企业在积极提高生产效率、扩大中国市场销售的同时，也面临着人民币汇率上升、劳动力成本上涨、外资优惠税制取消等各种问题。但是，这些问题是投资中国的外国企业共同面临的问题，并不限于日本企业。

对于在中国投资的日本企业而言，中国的低工资优势已经大幅消失。除此之外，当前日本企业面临的主要经营问题还包括：人才短缺、日元汇率变动、来自日益崛起的中国企业及其他外资企业的竞争压力等问题。即使如此，2010 年 JETRO 实施的问卷调查①显示：中国市场依然是日本企业发展重点，多数日本企业认为中国市场仍会增长，内地地区的广大农村市场一旦开发出来，成长潜力很

---

① 日本贸易振兴机构于 2010 年 8 ~ 9 月，对在亚洲和大洋洲的 18 个国家（地区）投资的日本企业实施问卷调查。有效回答企业数 3486 家，其中，在中国投资的日本企业为 806 家。

大（JETRO 海外调查部中国北亚科，2011）。

　　此外，积极拓展在中国研发的日本企业也不断增加，人才本土化就是其具体体现。以往很多日本企业将研发基地设立在本国，将主要针对日本市场研发的产品直接销往中国，或者在规格上进行简单变更后销往中国。但是，近年来，许多日本企业开始重视在中国的本土研发，招聘了解中国消费者嗜好的中国当地技术人员以提高企业竞争力。今后，日本企业在拓展中国市场问题上，洞察中国新兴消费群的特征，开发适应中国市场需求的产品和服务显得尤为重要。日本企业将在非制造业领域，例如物流业、金融业、大型零售业等依旧拥有巨大投资潜力。

　　如上所述，在大企业的带动下，日本企业正积极开拓中国市场。随着中国经济地位的提升和国际经济形势的变化，日本企业的对中国投资目的也发生了显著的变化：从劳动成本指向性到市场指向性。此外，对中国投资的行业类别上，出现了从制造业向非制造业扩展的趋势。今后，在强化技术开发和零部件采购本地化的基础上，开发和建立适应中国消费市场变化的产品与销售体制，积极拓展内地地区的二、三线城市市场，将是今后日资企业需要解决的重要课题。

第三章 新时代中国中小型外贸企业影响因素测算研究①

包振山② 左 陶③

一、问题的提出

目前，全球经济疲软、人民币升值压力不断加大，美国发起的"贸易战"等逆全球化的贸易保护主义重新抬头，这些影响因素的叠加，对中国外贸企业，尤其是对中小型企业的发展带来了巨大的考验。与此同时，中国经济发展从高速增长向高质量增长转变，新技术推动下的企业升级要求，使得传统的高投资、高出口的发展方式向创新驱动型发展转变。

中国 GDP 增长率在 2015～2017 年，分别是 6.9%、6.7% 和 6.8%，跌破了7% 的高速度增长，而进入了高质量、中高速增长的经济发展新常态。随着"一带一路"倡议的推进，"一带一路"倡议沿线国家的采购商越来越认可"中国制造"。从数据的对比来看，2018 年 3 月，中国对美国、日本、欧盟等传统贸易伙伴的出口，分别增长 8.1%、6.6%、0.7%；对"一带一路"倡议沿线的巴西、俄罗斯、印度尼西亚、南非等国家出口增幅分别为 16.0%、25.4%、16.5%、11.4%④。

在此背景下，中国中小型外贸企业如何搭上世界经济复苏的列车？如何转变销售方式？恢复和扩大出口贸易的发展以提高自身国际竞争力，营销模式在新数字技术的推动下的创新尤为重要。这是因为研究企业发展影响因素在促进企业发

---

① 本章内容是在包振山，左陶. D2D 模式下中小型外贸企业发展影响因素测算研究 [J]. 商业经济研究，2018 (21). 的基础上修改而成.

② 包振山：盐城师范学院商学院，公派留日博士。

③ 左陶：盐城师范学院商学院本科生。

④ 贸易摩擦影响出口，内需支持进口 [OL]. http://m.sohu.com/a/228233119_618350，2018 - 4 - 5.

展中的作用时，企业营销模式是企业在发展中首当其冲的需要优化的问题。当前中国中小型外贸企业的发展仍局限于线下经营，多通过境内外展会等线下活动将本公司产品推荐给国内外客户，这种方法在数字经济全球发展的进程中，越发显露出更多的弊端。

因此，本章探究 D2D 模式的运行机制，试图为中小型外贸企业进一步发展提供理论基础。以 D2D 模式为视角，从影响中小型外贸企业贸易额的七个主要影响因素入手，进行中小型外贸企业影响因素测算的实证研究，并针对研究数据进行回归分析，为促进中小型外贸企业的优化升级提供数量论证的支持，在此基础上，提出进一步带动外贸经济发展的对策建议。

二、文献综述及分析视角

（一）文献综述

D2D 模式（源自 O2O 模式）下的中小型外贸企业影响因素测算的实证研究，意味着，外贸企业的发展从单一路径发展转变为线上线下全面彼此融合的新阶段。目前国内外的许多学者对此项的研究主要可以分为以下三个方面。

（1）第一类主要是对该模式本身的研究。希罗斯·莫里卡苏（Hirose Morikazu），塔贝基亚（TabeKeiya）和米内基（Mineo Kei）（2017）研究了广告传播在 O2O 模式中所扮演的角色和作用，主要目的在于掌握 O2O 这个概念[1]；杨志坚（Zhijian Yang）（2014）结合传统的电子商务模式重点探讨了 O2O 组织模式，分析了其局限性和未来趋势并提出了一种具有信誉的 O2O 电子商务组织模式[2]；龚芳（2018）基于价值链理论对零售企业进行 O2O 模式比较及选择[3]。

（2）第二类主要是对该模式的应用及创新。潘玉晨（Yuchen Pan），吴德胜（Desheng Wu）和戴维·L. 奥尔森（David L. Olson）（2017）提出了一种新的基

---

[1]　Hirose Morikazu, TabeKeiya, Mineo Kei. The Role and Function of Advertising Communication in Online to Offline (O2O) Context [J]. Journal of Advertising Science, 2017, 61 (0).

[2]　Zhijian Yang. An Organizational Mode with Reputation for O2O E – Commerce [M]. Springer BerlinHeidelberg: 2014 – 6 – 15.

[3]　龚芳. 基于价值链理论的零售企业 O2O 模式比较及选择 [J]. 商业经济研究, 2018 (6): 98 – 101.

于多维相似性度量的 O2O 服务推荐方法①；梁国梁（K. H. Leung）等（2018）阐述了 B2C 电子商务智能系统的再造 E – order 系统实现过程，旨在重新设计配送中心电子商务订单的履行过程，调整线上战略，提高经营效率②。

（3）第三类是针对外贸企业的研究。周骏宇和杨军（2013）从外贸企业当前的压力、转型路径、期望政策支持等角度研究外贸企业发展的实证分析③；陈陈（2014）对无锡外贸企业发展影响因素进行实证分析④；张应语等（2015）通过实证分析在感知收益和感知风险分析的基础上研究消费者购买意愿⑤。

关于 D2D 模式视角下中小型外贸企业影响因素测算的实证研究，通过对有关资料文献的查阅可以发现，国外学者对 O2O 模式的研究居多，一般以 O2O 模式本身的分析及应用或结合该模式进行实证分析为切入点，针对这一课题已进行了深入的研究，大部分学者认为线上线下融合模式对企业升级转型发展有积极影响。首先，现有研究大部分是针对 O2O 模式下餐饮、团购和电商等行业进行的，从外贸行业出发进行研究的较少；其次，虽然 D2D 模式源自 O2O 模式，但是毕竟有所不同，因此，本章结合最新的统计数据，以上述先行研究为基础，来进一步探究 D2D 模式下影响中国中小型外贸企业发展的因素。

（二）分析视角

D2D 模式是将互联网平台与线下商务机会结合，让互联网成为线下交易的前台⑥，国内由广州天亮了网络科技有限公司成功运用。该模式源自 O2O 模式（online to offline，O2O），O2O 即线上线下融合，是指将线上与线下的渠道整合，此模式是用线上营销来带动线下经营⑦。这种线上虚拟经济与线下实体经济相结

---

① Yuchen Pan, Desheng Wu, David L. Olson. Online to Offline（O2O）service recommendation method based on multi-dimensional similarity measurement [J]. Decision Support Systems, 2017.

② K. H. Leung, K. L. Choy, Paul K. Y. Siu, G. T. S. Ho, H. Y. Lam, Carman K. M. Lee. A B2C e-commerce intelligent system for re-engineering the e-order fulfilmentprocess [J]. Expert Systems With Applications, 2018, 91.

③ 周骏宇，杨军. 广东外贸企业的困境、转型升级路径和政策需求——基于结构方程的实证分析 [J]. 国际经贸探索，2013, 29（4）：4 – 15.

④ 陈陈. 无锡外贸企业发展影响因素实证分析 [J]. 中国市场，2014（42）：71 – 74.

⑤ 张应语，张梦佳，王强，任莹，马阳光，马爽，邵伟，尹世久，石忠国. 基于感知收益 – 感知风险框架的 O2O 模式下生鲜农产品购买意愿研究 [J]. 中国软科学，2015（6）：128 – 138.

⑥ 卢益清，李忱. O2O 商业模式及发展前景研究 [J]. 企业经济，2013（11）：98 – 101.

⑦ 葛聪，南志标. "互联网＋"背景下，草业企业 O2O 模式分析——以内蒙古草都农牧业发展有限责任公司为例 [J]. 草业科学，2018, 35（3）：686 – 694.

合的新型商业模式，在多个领域有着广阔的发展前景①。

如图 3 - 1 所示，首先，D2D 经营模式首先立足于线下实体企业本身，实现从进行信息共享到实现线上与线下立体互动；其次，D2D 模式涉及的是实体企业的所有产品；最后，与 O2O 模式应用于服务行业不同，D2D 模式应用于所有类型的实体行业。

图 3 - 1　**D2D 模式下外贸企业线上线下融合发展模型**

资料来源：笔者整理。

三、中国进出口贸易的演变及现状

（一）中国进出口贸易的发展演变

自 20 世纪 90 年代以来，随着中国经济的迅速发展，中国的进出口总额明显增长，作为中国对外贸易主要参与者的中小型外贸企业，形成了外贸企业集聚区。所以研究中国进出口贸易现状对研究中国中小型外贸企业发展有重大意义。根据图 3 - 2 和图 3 - 3 所示，1990 ~ 2016 年中国进出口贸易的发展大致可以分为起步、调整以及稳定三个阶段。

1. 起步阶段（1990 ~ 2001 年）

改革开放以来，中国外贸体制经历了多次转变，倡导贸易自由化。1990 年，随着政府开放政策的深入，中国对外贸易开始呈现顺差状态。1990 ~ 1993 年，中国进出口贸易发展稳定，年均增长率为 26.62%；1994 年实行经济体制改革，成效显著，当年进出口总额相比去年增长 80.83%。由于中国进出口贸易尚处于起步阶段，1995 ~ 2000 年，外贸发展很不稳定，1998 年进出口总额增长率甚至跌至零点以下。

---

① 蒋雪柔. O2O 模式下"美团外卖"的"蓝海"战略分析 [J]. 经营与管理，2018（5）：27 - 29.

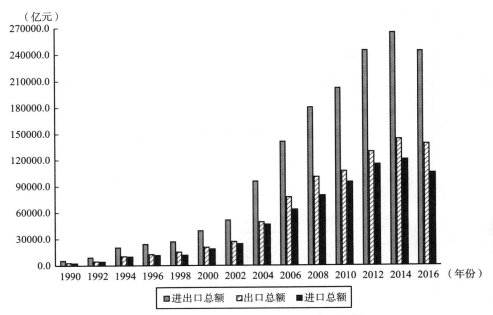

图 3 - 2 1990 ~ 2016 年中国货物进出口总额

资料来源：笔者整理。

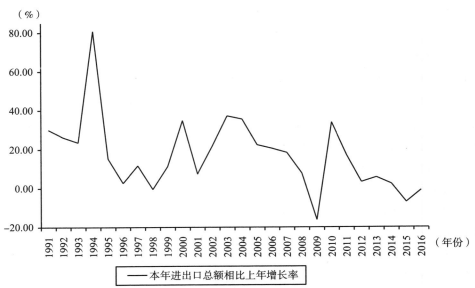

图 3 - 3 1990 ~ 2016 年中国货物进出口总额相比上年增长率

资料来源：笔者整理。

2. 调整阶段（2001～2011 年）

2001 年中国正式加入世界贸易组织（WTO）。为实现贸易自由化，中国颁布并实行了一系列改革政策，虽然 2001 年当年进出口总额相比 2000 年仅增长 7.41%，但从 2002 年开始，中国对外贸易总额年均增长率为 25.98%。2008 年金融危机给中国外贸行业带来很大冲击，2009 年的形势更加严峻，当年增长率跌至 16.25%。2010 年中国经济开始逐渐好转，贸易规模由 2001 年的世界第六位发展到 2010 年的世界第二位。

3. 稳定阶段（2011 年至今）

2010 年，中国俨然已经成为贸易大国。2011 年，面临的主要问题是中国的外贸行业大而不够强，所以中国外贸开始从高速度发展阶段转向高质量发展阶段，外贸政策基本保持稳定。2011 年至今，中国进出口总额年均增长率为 0.68%，2015 年、2016 年进出口总额分别为 245502.9 亿元和 243386.5 亿元，中国对外贸易进入稳定阶段。

（二）中国进出口贸易的发展现状

如图 3 - 4 所示，在 2017 年的《中国统计年鉴》中，中国对外进出口贸易以

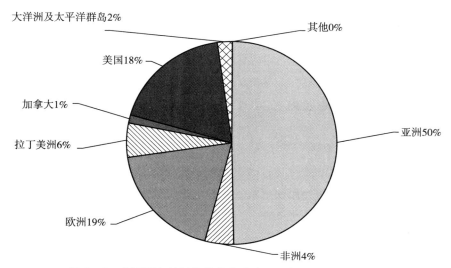

图 3 - 4　中国同各地区海关货物进出口总额占比（2016 年）

资料来源：笔者整理。

亚洲、北美洲和欧洲为主，说明中国的进出口市场主要集中在这三大区域。其中，出口额最大的是亚洲。2016 年，中国对外出口额达到 687125244 万元人民币，占当年出口总额的 50%；2016 年，北美洲和欧洲的出口总额分别为 373553689 万元和 257280321 万元，各约占 19%，其中，2016 年中国与美国进出口贸易总额约占中国对北美洲贸易总额的 94%。

　　国际贸易大环境对外贸企业的发展产生直接影响，中国中小型外贸企业需要抓住亚、欧、北美三大市场。但是目前中小外贸企业多采用单一的线上或者单一的线下模式，单一线上外贸平台难以保障产品的质量，而传统境内外线下展会模式，难以充分打开国际市场。中小型外贸企业的营销模式过于单一，加之如图 3 - 5 所示，2015 年和 2016 年中国企业外商投资 60% 以上来源于中国香港，FDI 地区依赖性强，风险大，亟需转型来给传统外贸行业注入新的动力。

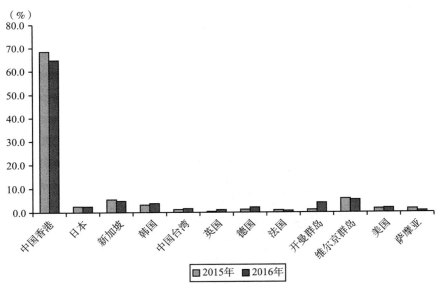

图 3 - 5　2015 年和 2016 年按国别（地区）分外商投资额占比

资料来源：笔者整理。

四、研究设计

中小型外贸企业的经济水平和营销模式在改革开放四十年的发展中有了很大

改变，2018 年，中国外贸经济进入"减速增质"的阶段，以提升产品出口质量、增加产品附加值和培育企业竞争优势为重点。但是中国中小型外贸企业的发展进入瓶颈期，为了激发外贸主体活力，降低企业成本，提高企业国际竞争力，本章将对影响中小型外贸企业发展的七个因素进行分析，并结合分析结果探索外贸企业线上线下融合的营销模式创新路径。

（一）变量阐释

通过对国内外文献的研究可以发现，影响中小型外贸企业经营发展的因素是多方面的，本研究试从 D2D 模式入手，提取了影响企业经营发展的七个主要因素进行探讨。

第一，企业营销模式。这是指企业为了实现自身价值定位，对当前的国内外市场作出反应时采用的某一类销售方式的总称。外贸企业的营销模式包括线上网络平台和线下销售活动两大种类，线上线下融合的营销模式是一种多元化的营销模式，能够促进中小型外贸企业的对外业务发展。

第二，国际市场需求萎缩。根据前文的文献综述，国际市场需求对外贸进出口可以产生重大影响。国际金融危机后，目前全球经济处于深度调整阶段，市场疲软，经济形势受外部市场需求因素制约，导致国际全球贸易复杂多变，笔者旨在研究国际市场萎缩对中小型外贸企业发展的影响。

第三，人民币升值过猛。人民币汇率波动对外贸企业收支情况影响明显。中国中小型外贸企业主要以出口为主，人民币快速升值导致企业交易中应收货款大幅减少，从而导致中小型外贸企业因为资金周转问题而迅速陷入危机，笔者主要从以上方面对人民币升值与进出口贸易的互动关系进行研究。

第四，外商直接投资（FDI）。外商投资企业进出口占中国进出口总额的比重不断增大，FDI 改善了中国进出口产品的结构，增强了中国中小型外贸企业的国际竞争力，笔者主要研究 FDI 与中小型外贸企业经营发展之间的关系。

第五，产业结构优化。优化产业结构可以为各个产业带来良好的市场机会，但是也会给部分行业带来生存的威胁。目前世界产业结构不断优化，第一产业的比重不断下降，第二产业的比重同样在下降，第三产业呈现上升趋势，笔者主要研究产业结构的变化对中小型外贸企业发展的影响。

第六，企业发展规模。企业规模大小对外贸企业的发展至关重要，小规模的外贸企业实力偏弱，员工流动性大，难以独立完成复杂订单。目前，企业规模有可能成为中国中小型外贸企业发展的一个瓶颈期，笔者针对这一点对企业规模大小与中小型外贸企业贸易的关系进行研究。

第七，科学技术进步。在本研究之前，科技的进步对外贸企业的影响尚存在争议，一部分学者认为科技的进步促进中小型外贸企业的发展，另外一部分学者认为科技的进步为中小型外贸企业的发展带来了生存危机，笔者针对科学技术进步与中小型外贸企业发展的关系做进一步探究。

（二）问卷设计与数据收集

本研究运用调查问卷的形式进行数据收集。根据笔者研究的影响中小型外贸企业发展的国际市场需求、人民币升值、外商投资状况、产业结构、企业发展规模、科学技术进步、企业营销模式七个主要变量设计出了《中小型外贸企业经营发展影响因素研究问卷》（见章末附录），各变量赋值标准如表 3 - 1 所示。本问卷通过实地问卷调查和专门的问卷调查平台"问卷星"两种形式进行。

表 3 - 1 　　　　　　　　　　　　　变量设定与描述

变量名	指标变量	变量内容
国际市场需求	A1	比较有利，$A1 = 1$；影响不大，$A1 = 0$；负面影响很大，$A1 = -1$
人民币升值	A2	比较有利，$A2 = 1$；影响不大，$A2 = 0$；负面影响很大，$A2 = -1$
外商投资	A3	比较有利，$A3 = 1$；影响不大，$A3 = 0$；负面影响很大，$A3 = -1$
产业结构升级	A4	比较有利，$A4 = 1$；影响不大，$A4 = 0$；负面影响很大，$A4 = -1$
企业发展规模	A5	比较有利，$A5 = 1$；影响不大，$A5 = 0$；负面影响很大，$A5 = -1$
科学技术进步	A6	比较有利，$A6 = 1$；影响不大，$A6 = 0$；负面影响很大，$A6 = -1$
企业营销模式（线上、线下）	A7	线上平台模式，$A7 = 1$；线下模式，$A7 = 2$
产品质量	A8	相同，$A8 = 0$；倾心线上模式，$A8 = 1$；倾心线下模式，$A8 = -1$
产品价格	A9	相同，$A9 = 0$；倾心线上模式，$A9 = 1$；倾心线下模式，$A9 = -1$
产品售后服务	A10	相同，$A10 = 0$；倾心线上模式，$A10 = 1$；倾心线下模式，$A10 = -1$
加入"线上 + 线下"模式的意愿	A11	愿意，$A11 = 0$；不愿意，$A11 = 1$

资料来源：笔者整理。

实地问卷调查的对象主要是有过线上线下融合营销经验的中小型外贸企业群体，主要集中在江苏省苏州市、盐城市以及周边城市，采用实地采访、发放问卷的方式，要求测试对象对自己在线上线下融合营销过程中的经历进行感知评价；通过"问卷星"平台进行的调查对象主要是全国各地的中小型外贸企业群体，主要集中在山东省、浙江省等地，利用互联网通信设施联系测试对象，邀请对象对自己的营销经历进行感知评价。两种方式进行的调查过程中共发送问卷 500 份，回收 497 份，回收率为 99.4%。在这 497 份问卷中，只保留数据质量高的问卷，对那些不符合条件的问卷进行剔除，最后有效问卷 490 份，有效率为 98.6%。

（三）研究模型构建

根据上述分析，总结出在 D2D 模式的视角下影响中小型外贸企业发展的国际市场需求、人民币升值、外商投资状况、产业结构、企业发展规模、科学技术进步、企业营销模式七个主要因素的研究模型，如图 3 - 6 所示。

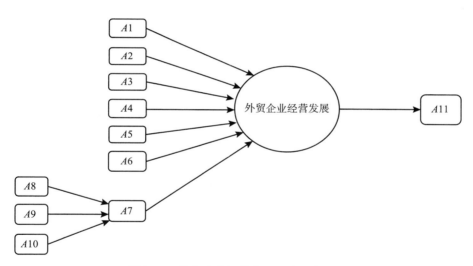

图 3 - 6　外贸企业经营发展影响因素模型

资料来源：笔者整理。

其中，该模型显示本研究主要涉及以下两类变量。

自变量（由实验者操纵、掌握的变量）：国际市场需求萎缩、人民币升值过快、外商投资优化、产业结构升级、企业发展规模、科学技术进步和企业营销模式（线上＋线下）。

因变量（因为自变量的变化而发生变化的变量）：企业营销模式（线上＋线下）和中小型外贸企业经营发展。

其中，企业营销模式（线上＋线下）既是因变量也是自变量。

五、实 证 分 析

（一）信度和效度分析

信度和效度分析是分析数据质量常用的两种方法。进行信度分析和效度分析是利用调查问卷进行实证研究的必要前提。只有符合信度和效度要求的问卷数据，其实证分析得出的结果才具有代表性和说服力。

信度分析就是可靠性，在信度分析的诸多方法中，α 信度系数法最为常见，本研究采用 α 信度系数法，如公式（3 – 1）：

$$\alpha = \frac{n}{n-1}\left(1 - \frac{\sum s_i^2}{s_t^2}\right) \qquad (3-1)$$

其中，n 是问卷中的题目总数，s_i 表示每题各被试得分的方差，s_t 表示所有被试所得总分的方差。

本研究使用 SPSS 软件进行信度和效度分析，分析结果如表 3 – 2 和表 3 – 3 所示。

表 3 – 2 　　　　　　　　　　问卷信度指标值

Cronbach's alpha	项数
0. 757	11

资料来源：笔者整理。

$\alpha = 0.757 > 0.7$，证明问卷信度较好。

表 3 – 3 　　　　　　　　　　KMO 和巴特利特检验

KMO 取样适切性量数		0. 712
巴特利特球形度检验	近似卡方	1976. 898
	自由度	55
	显著性	0. 000

资料来源：笔者整理。

KMO 值为 0.712 > 0.7，证明问卷结构效度良好。

一般来说，α 信度系数愈高，工具的信度愈高。α 数值越大，问卷的信度越好，表明问卷设计越合理；如果数值较小，则应该剔除信度不高的指标，重新设计问卷指标；系数介于 0.70 ~ 0.98 均为高信度，而系数低于 0.35 则为低信度，必须予以拒绝。

效度分析主要是测量数据所得结果的准确程度。根据本章的研究目的，本研究选取结构效度来分析调查问卷，对 Barlett 卡方和 KMO 值进行检验，KMO 检验的数值变化从 0 ~ 1，一般来说，KMO 值大于 0.7 为"适合"，0.7 以下为"不适合"，Bartlett P 值小于或等于 0.01 时为"适合"。

（二）描述性分析

1. 国际市场萎缩对中国中小型外贸企业发展的影响

目前，全球经济疲软，中国经济正处于结构调整阵痛期、增长速度换挡期——"二期叠加"的特定阶段，国际市场需求是影响中国中小型外贸企业发展的影响因素之一。从表 3 - 4 可以看出，在所有接受调查的人群中，选择"比较有利"和"影响不大"的人群比例分别为 10.8% 和 15.9%，两者的占比较小；选择"负面影响很大"的人群比例占 73.3%，占比很高，从侧面反映国际市场萎缩对外贸出口造成负面影响。国际市场需求萎缩会导致国际竞争的压力变大，而中国的大部分中小型外贸企业自身国际竞争力不强，企业难以在当前的国际环境下持续发展。

表 3 - 4　　　　　　　　　　　　　A1

项目		频率	百分比	有效百分比	累积百分比
有效	1	53	10.8	10.8	10.8
	0	78	15.9	15.9	26.7
	- 1	359	73.7	73.7	100.0
	总计	490	100.0	100.0	—

资料来源：笔者整理。

2. 人民币升值过快对中国中小型外贸企业发展的影响

近期人民币对美元汇率出现暴涨，人民币升值过快过猛对中小型外贸企业发展有重要影响。从表 3 - 5 可以看出，选择"比较有利"和"影响不大"的人群比例分别占 10.8% 和 15.9%，两者占比较小；选择"负面影响很大"的人群比例占 73.3%，占比很高，从侧面说明人民币升值过快对外贸出口造成负面影响。人民币快速升值会导致中国出口总额的大幅缩减，加大了从事出口业务的中小型外贸企业的风险；同时人民币升值过猛可能导致企业短期内产生巨额亏损。

表 3 - 5   *A2*

项目		频率	百分比	有效百分比	累积百分比
有效	1	55	11.2	11.2	11.2
	0	74	15.1	15.1	26.3
	-1	361	73.3	73.3	100.0
	总计	490	100.0	100.0	—

资料来源：笔者整理。

3. 外商投资对中小型外贸企业发展的影响

从表 3 - 6 外商投资对中小型外贸企业的影响分析中可以看出，选择"比较有利""影响不大"和"负面影响很大"的人群比例分别占 49.6%、25.3% 和 25.1%，占"比较有利"的人群比例明显大于"影响不大"和"负面影响很大"的人群比例，从侧面说明外商投资对外贸出口造成正面影响。根据图 3 - 5 可知，中国中小型外贸企业吸收外商投资出现偏好个别来源地的问题，这大大地提高了企业发展风险。

表 3 - 6   *A3*

项目		频率	百分比	有效百分比	累积百分比
有效	1	243	49.6	49.6	49.6
	0	124	25.3	25.3	74.9
	-1	123	25.1	25.1	100.0
	总计	490	100.0	100.0	—

资料来源：笔者整理。

4. 产业结构升级对中小型外贸企业发展的影响

从表 3 - 7 可以看出，选择"影响不大"和"负面影响很大"的人群比例分别为 19.0% 和 9.0%，占比较小；选择"比较有利"的人群比例占 72.0%，占比很高，说明产业结构升级对外贸出口造成正面影响。产业结构升级对中国外贸行业的发展非常有利；目前中国出口的产品多属初级产品，这导致中国中小型外贸企业的交易利润空间小，难以进一步拓展业务。

表 3 - 7　　　　　　　　　　　　　　　A4

项目		频率	百分比	有效百分比	累积百分比
有效	1	353	72.0	72.0	72.0
	0	93	19.0	19.0	91.0
	-1	44	9.0	9.0	100.0
	总计	490	100.0	100.0	—

资料来源：笔者整理。

5. 企业发展规模对中小型外贸企业发展的影响

影响外贸行业发展的因素中，企业规模大小对进出口贸易的影响很大。从表 3 - 8 可以看出，选择"影响不大"的人群比例为 22.2%，选择"负面影响很大"的人群比例为 8.2%，两者的人群占比较小；选择"比较有利"的人群占总人数的 69.6%，占比很高，说明企业发展规模对中小型外贸企业的进出口发展有正面影响。中国中小型外贸企业规模小、综合实力不强，致使其在对外贸易过程中处于被动地位，没有足够的话语权。

表 3 - 8　　　　　　　　　　　　　　　A5

项目		频率	百分比	有效百分比	累积百分比
有效	1	341	69.6	69.6	69.6
	0	109	22.2	22.2	91.8
	-1	40	8.2	8.2	100.0
	总计	490	100.0	100.0	—

资料来源：笔者整理。

6. 科学技术进步对外贸出口的影响

从表 3 - 9 可以看出，11.6% 的人认为科学技术进步对外贸出口影响不大，11.2% 的人认为其对对外贸易的负面影响很大，两者的占比都较小；在本次分析中认为，科技进步对外贸出口比较有利的人群比例占 77.1%，占比很高，从侧面说明科学技术进步对外贸易出口造成正面影响。虽然中国政府一直鼓励创新，但相对于欧美等发达国家，中国产品技术水平依旧略低，中小型外贸企业难以突破发达国家设置的技术性贸易壁垒，难以充分拓展国际市场。

表3-9　　　　　　　　　　　　　A6

项目		频率	百分比	有效百分比	累积百分比
有效	1	378	77.1	77.1	77.1
	0	57	11.6	11.6	88.8
	-1	55	11.2	11.2	100.0
	总计	490	100.0	100.0	—

资料来源：笔者整理。

（三）回归分析

1. 线上线下融合对外贸出口的影响及互动关系

分别分析选择外贸网络平台和线下展会的两组人群，对产品质量、产品价格、售后服务的感知，有没有差异，选择独立样本 T 检验的方式进行分析。

从表3-10、表3-11的分析结果上看，选择线上网络平台和选择线下展会活动的两组人群对产品质量、产品价格、售后服务的感知均具有显著差异。

表3-10　　　　　　　　　　　　　组统计

项目	A7	个案数	平均值	标准偏差	标准误差平均值
A8	1	339	1.85	0.672	0.036
	2	151	2.11	0.579	0.047
A9	1	339	2.30	0.841	0.046
	2	151	2.52	0.729	0.059
A10	1	339	2.19	0.848	0.046
	2	151	2.52	0.782	0.064

资料来源：笔者整理。

（1）选择外贸网络平台的人群和选择线下展会的人群对产品质量的感知具有差异。从均值上看，选择线下展会的人群比选择外贸网络平台的人群更认为线下展会的产品质量好。

（2）选择外贸网络平台的人群和选择线下展会的人群对产品价格的感知具有差异。从均值上看，选择线下展会的人群比选择外贸网络平台的人群更认为线下展会的产品价格贵。

（3）选择外贸网络平台的人群和选择线下展会的人群对产品售后服务的感知具有差异。从均值上看，选择线下展会的人群比选择外贸网络平台的人群更认为线下展会的售后服务好。

表 3 - 11　　　　　　　　　　　　　　独立样本检验

项目		方差方程的 Levene 检验		均值方程的 t 检验		
		F	显著性	t	自由度	Sig.（双尾）
A8	假设方差相等	9.567	0.002	-4.017	488	0.000
	假设方差不相等	—	—	-4.252	331.037	0.000
A9	假设方差相等	15.830	0.000	-2.810	488	0.005
	假设方差不相等	—	—	-2.969	329.468	0.003
A10	假设方差相等	6.169	0.013	-4.080	488	0.000
	假设方差不相等	—	—	-4.210	310.659	0.000

资料来源：笔者整理。

通过上述部分对 A7、A8、A9 和 A10 变量的分析，可以得出线下模式推广产品相对于线上网络平台模式来说，具有产品质量好、售后服务好，但是产品的价格会普遍偏高。为了具体分析线下展会和线上网络平台之间的互动关系，本章通过进行 SPSS 交叉进一步分析企业推广产品的营销模式和售出的产品质量、产品价格、售后服务之间的关系。

由表 3 - 12 和表 3 - 13 可以看出，对于线下展会购买产品的人群，65.56%的人都认为线下展会的产品质量好，只有 11.92% 和 22.52% 的人认为两者质量相同和线上的产品质量好；对于线上外贸网络平台的人群，52.80% 的人认为线下展会产品质量好，30.97% 的人认为两者质量相同，只有 16.22% 的人认为线上产品质量优于线下展会；总之，购买者会更加青睐于境内外展会等线下活动模式下购买的产品，产品的质量和售后服务更加有保障。

表 3 – 12   **A8 × A7 交叉表**

项目		A7		总计
		1	2	
A8	0	105	18	123
	– 1	179	99	278
	1	55	34	89
总计		—	339	151	490

资料来源：笔者整理。

表 3 – 13   **卡方检验**

项目	值	df	渐进 Sig.（双侧）
Pearson 卡方	20. 383 *	2	0.000
似然比	22. 441	2	0.000
线性和线性组合	15. 653	1	0.000
有效案例中的 N	490	—	—

注：* 0 单元格（0%）的期望计数少于 5。最小期望计数为 27. 43。
资料来源：笔者整理。

由表 3 – 14 和表 3 – 15 可以看出，对于线下展会购买产品的人群，66. 23%
的人都认为线下的产品价格高，只有 13. 91% 和 8. 85% 的人认为价格相同或者线
下的产品更便宜；对于线上外贸网络平台的人群，同样的，也是大部分人都认为
线下展会产品价格高，占比 54. 87%，只有 24. 78% 的人认为价格相同，20. 35%
的人认为线上外贸网络平台价格高于线下展会，所以不管是通过何种方法购买产
品，购买者都认为通过线下方式购买的产品价格更高。

表 3 – 14   **A9 × A7 交叉表**

项目		A7		总计
		1	2	
A9	0	84	21	105
	– 1	69	30	99
	1	186	100	286
总计		—	339	151	490

资料来源：笔者整理。

表 3 - 15   卡方检验

项目	值	df	渐进 Sig.（双侧）
Pearson 卡方	8.083 *	2	0.018
似然比	8.516	2	0.014
线性和线性组合	7.788	1	0.005
有效案例中的 N	490	—	—

注：* 0 单元格（0%）的期望计数少于 5。最小期望计数为 30.51。
资料来源：笔者整理。

由表 3 - 16 和表 3 - 17 可以看出，对于通过线下展会购买产品的人群，69.54% 的人都认为线下的产品售后服务好，17.88% 和 12.58% 的人认为两者的售后服务相同或者线上产品的售后服务好；通过线上外贸网络平台购买产品的人群中，有 46.90% 的人认为线上展会产品售后服务好，28.32% 的人认为没有区别，24.78% 的人认为线上平台售后服务好。所以不管是线上还是线下的购买者，大部分人都认同线下的产品售后服务比线上平台更有保障。

表 3 - 16 $A10 \times A7$ 交叉表

项目		A7		总计
		1	2	
A10	0	96	27	123
	-1	84	19	103
	1	159	105	264
总计	—	339	151	490

资料来源：笔者整理。

表 3 - 17   卡方检验

项目	值	df	渐进 Sig.（双侧）
Pearson 卡方	21.859 *	2	0.000
似然比	22.457	2	0.000
线性和线性组合	16.128	1	0.000
有效案例中的 N	490	—	—

注：* 0 单元格（0%）的期望计数少于 5。最小期望计数为 31.74。
资料来源：笔者整理。

因此可以得出如下结论：线下展会的产品具有产品质量好、售后服务好，但是价格高的特点；线上外贸网络平台虽然产品质量、售后服务相对较差，但是价格低。因此，线上外贸网络平台与线下展会相融合的模式有助于在兼顾产品质量和售后服务的基础上，价格更低，具有明显的优势。

2. 企业加入 D2D 模式（线上 + 线下）的意愿分析

由表 3 - 18 和表 3 - 19 可以看出，对于线下展会购买产品的人群，有 57.62% 的人不愿意加入这个模式，42.38% 的人愿意；对于线上外贸网络平台的人群，92.92% 的人愿意加入这个平台，7.08% 的人不愿意加入；对比两个不同的群体，在线上外贸网络平台购买产品的人更愿意加入这种模式。在所有被调查的人群中，82.04% 的人愿意加入 D2D 模式，仅 17.96% 的人不愿意尝试加入。

表 3 - 18   *A11 × A7 交叉表*

项目		A7		总计
		1	2	
A11	0	315	87	402
	1	24	64	88
总计	—	339	151	490

资料来源：笔者整理。

表 3 - 19   *卡方检验*

项目	值	df	渐进 Sig. （双侧）
Pearson 卡方	88.374[*]	1	0.000
连续校正[b]	85.994	1	0.000
似然比	82.184	1	0.000
Fisher 的精准检验	—	—	—
线性和线性组合	88.193	1	0.000
有效案例中的 N	490	—	—

注：* 0 单元格（0%）的期望计数少于 5。最小期望计数为 27.12。b. 仅对 2×2 表计算。
资料来源：笔者整理。

（四）结果讨论

通过实证分析可以看出国际市场萎缩、人民币升值压力加大对中国中小型外贸企业的负面影响很大；FDI 优化、产业结构升级、企业规模扩大和科技进步促进中国外贸企业的发展。

虽然中国中小型外贸企业蓬勃发展，但是企业在发展过程中仍存在如下四个问题：第一，企业营销模式单一，难以提高订单的数量和质量；第二，国际市场疲软、需求萎缩，企业的研发能力欠缺；第三，企业规模小并且缺乏对汇率变化的避险意识，国际竞争力低；第四，企业吸收外商投资的地区依赖性强，提高了企业投资风险，出口的产品大多以中低端产品为主，获利少。

六、结　　论

本章是在 D2D 模式的视角下，对影响中小型外贸企业发展的因素进行测算，在查阅大量国内外文献的基础上，选取 7 个影响中小型外贸企业发展的因素，进行研究模型的构建，以回归分析的研究方法对其进行统计数据分析，并得出如下三个结论。

第一，在中小型外贸企业发展的影响因素中，国际市场需求和科学技术进步这两个影响因素属于国际大环境因素。新经济时代，国际市场需求越大，越能促进中小型外贸企业的发展，反之，如当前全球经济疲软，市场需求萎缩，中小型外贸企业的发展面临很大压力。科学技术的进步对中小型外贸企业发展的影响与国际市场需求因素呈正相反关系，随着当前新技术的不断产生与推广，这极大地促进并要求中小型外贸企业勇于不断创新，开发新产品，以提高其国际市场上的竞争力。

第二，在国内企业发展环境中，人民币升值因素、外商投资因素和产业结构因素对中小型外贸企业的发展至关重要。人民币对美元汇率的不断刷高阻碍了中国中小型外贸企业尤其是出口企业的发展；外商投资地区依赖性很大也阻碍了中国中小型外贸企业的发展，相反，外商投资多样化才能促进企业的发展。中国出口的产品以初级产品为主，可获得的利润低，优化中国产业结构有利于促进中小型外贸企业的发展。

第三，中小型外贸企业在拓展国际市场中，企业自身的发展规模和营销模式的选择也至关重要。企业自身的规模越大，其与国际市场中产品需求者进行商务谈判的能力就越强，也会带来更高的营业收益可能性。此外，通过将线上网络平台销售与线下境内外展会、国际代理等销售模式结合拓展业务，企业的营业收益也能有提高的可能性。

综上所述，在国际市场萎缩、科技进步、人民币不断升值、外商投资来源地单一、产业结构不断优化的背景下，中小型外贸企业限于自身发展规模，应着力于创新其营销模式以提高竞争力。其中，线上与线下融合发展的营销模式将会日益突显其重要性，这问题作为今后的课题进一步深入研究。

本章也存在一些不足，笔者采用的测量量表研究影响中小型外贸企业发展因素的数量法分析，因选取的样本与调查对象所限，分析结果可能存在一定的局限性，未来可以进一步完善测量量表，或者采用如试验法等研究方法来进一步深入研究。

附录：调查问卷

中国中小型外贸企业影响因素调查问卷

尊敬的女士/先生：

您好！我们正在进行一个关于中国中小型外贸企业经营发展影响因素的研究。恳请您使用 2 ~ 3 分钟的宝贵时间，根据自己的实际情况，勾选最合适的选项，非常感谢您的支持！本研究数据仅作学术使用，请您放心作答！

单选题

1. 国际市场需求萎缩对外贸的影响 ［　　　］。
   A. 比较有利
   B. 影响不大
   C. 负面影响很大

2. 人民币升值对外贸的影响 ［　　　］。
   A. 比较有利
   B. 影响不大
   C. 负面影响很大

3. 外商投资升级对外贸的影响 ［　　　］。
   A. 比较有利
   B. 影响不大
   C. 负面影响很大

4. 产业结构优化对外贸的影响［　　　］。

A. 比较有利

B. 影响不大

C. 负面影响很大

5. 企业发展规模对外贸的影响［　　　］。

A. 比较有利

B. 影响不大

C. 负面影响很大

6. 科学技术进步对外贸的影响［　　　］。

A. 比较有利

B. 影响不大

C. 负面影响很大

7. 以下两种模式的贸易方式，您会选择其中的哪一种？［　　　］。

A. 以阿里巴巴国际站为例的网上贸易平台

B. 线下展会模式

8. 线上贸易平台和线下展会的产品质量是否相同？［　　　］。

A. 相同

B. 不同，线下展会的产品质量更好

C. 不同，线上平台的产品质量更好

9. 线上贸易平台和线下展会的产品价格是否相同？［　　　］。

A. 相同

B. 不同，线上平台的产品价格更高

C. 不同，线下展会的产品价格更高

10. 线上贸易平台和线下展会模式的售后服务是否相同？［　　　］。

A. 相同

B. 不同，线上售后服务更优质

C. 不同，线下展会提供的售后更优质

11. 如果有一种平台可以在线上为企业提供实单，在线下为您提供服务，您作为企业方是否会愿意缴纳一定会员费加入？［　　　］。

A. 愿意

B. 不愿意

第四章　北部湾经济区与日本经济交流现状及可行性研究

——以广西壮族自治区为例①

何为民② 朱永洁 蔡桂全③

一、北部湾经济区建设的中日研究成果分析

广西壮族自治区（以下简称"广西"）北部湾经济区建设在不断深入的同时，希望通过国家给予的政策，带动本地区经济的发展。笔者对该经济区为主题进行调查研究时，注意到一个问题，就是无论是实体经济方面的交流，还是与日本经济交流的研究，广西与日本之间的交流都较少，而相关研究成果当然就更少。就目前为止，在广西的日本企业有数十家④，在现有的合作框架内，我们知道东盟国家（地区）与日本合作交流非常多，而作为中国与东盟国家（地区）交流的窗口地区广西而言，为什么与日本合作却非常少？带着这样一个问题，笔者对相关研究及现状和日本企业在广西的进驻情况开始了深入的调查研究。

2010 年 4 月，日本贸易振兴机构（JETRO）刊发了《中国"新兴"地区的事业环境和日本企业的机遇和风险》⑤ 报告书。说明作为日本最大的贸易振兴机构已经开始关注广西北部湾经济区。在 2006 年广西政府提出了《广西北部湾经济区发展规划》，2008 年 1 月获得中国中央政府批准。该政策从地方区域经济程

---

① 本稿根据笔者 2014 年在广西壮族自治区政府机关、在广西的日本企业调研的基础上完成，因而部分调研数据较早。

② 何为民：广东海洋大学寸金学院经济与金融系副教授、北部湾经济研究中心主任、研究员。

③ 蔡桂全：日本东北大学在读博士生。

④ 这份数据源自 2010 年 4 月的《中国"新兴"地区的事业环境和日本企业的机遇和风险》。

⑤ JETRO 海外调查部北亚课《中国"新兴"地区的事业环境和日本企业的机遇和风险》2010 年 4 月 p. 69 – 76。

度，上升到了国家级层面，说明相应的投资与建设将在该地广泛展开。之后，广西又进一步提出了，建设广西北部湾地区的《泛北部湾经济区》① 合作意向，其内容中涉及了海南省和广东省的西部地区。同时，跨行政区域下的泛北部湾地区成为与东盟国家（地区）交流中最前。因此，该项政策受到国内外的广泛关注。

时任日本贸易振兴机构驻广东省代表的关满博和池部亮，为了让日本国内经济界人士能够进一步了解日本企业在广西的现状和未来发展机遇，2011 年 9 月，编辑出版了《迎接交流时期的中越边境地区—中国广西壮族自治区的北部湾发展》②。该著作是日本对中国广西地区与日本经济发展和交流现状进行论述最详细的书籍，同时，该书对广西与日本未来发展方向进行了分析。由于该书是日本近年专门针对北部湾地区，特别是广西地区经济发展的一个较系统的论述著作，其时效性以及现实性都具有较大意义，因此，以下将对该书做一个相对性详细的说明。

池部亮在该书的第 1 章以《中国—东盟国家（地区）关系与广西壮族自治区》为题，对相关历史背景及今后的发展方向进行了论述，并坚信广西将迎来新的"交流时期"。松永桂子在该书的第 2 章《广西壮族自治区的产业经济》和第 5 章《地域资源产业化推进》对广西地区产业结构以及地区产业特点进行了分析。关满博在该书的第 3 章《北部开发规划的展开》中对北部湾开发规划的情况进行了详细说明，在此基础上，对南宁市、北海市、钦州市、防城港这四座北部湾开发地区最主要城市的现状以及今后发展可能性进行了论述。该书的第 4 章《寻求区域资源低工资的日本企业进入》指出，日本企业在广西进出模式应归纳为"原材料指向型"和"低工资指向型"。该书的第 6 章《广西工业化新的可能性》对日本企业以再次布局为目从珠江三角洲进行产业转移，并希望积极参与到广西本土企业工业化升级进程案例进行了分析。堀俊介在第 7 章《广西壮族自治区的林业》，远山浩的第 9 章"广西壮族自治区的金融变化与发展"，古川一郎的第 10 章"支撑北部湾地区的发展的营销战略"等，通过在各自曾经接触的领域对广西经济状况进行了分析。而第 8 章《广西壮族自治区边境贸易》，池部亮则详细论述了广西与边境贸易的现状和特点。该研究成果表明，该区域日本企业的实际形态主要是资源利用型的制造业，作为省级项目开展的"北部湾经济区"，将对日本企业入驻会带来更加便利的政策优势，并主张日本企业应当积极参与，

---

① 该内容将在后文进行详述。

② 关满博，池部亮. 迎接交流时期的中越边境地区—中国广西壮族自治区的北部湾发展［M］.（"中国 '新興' 地域の事業環境と日系企業のビジネスチャンスとリスク"報告書）. 新評論，2011（4）.

填补日本和广西经济交流中的空白。

池部亮在其另一部著作《东亚国际分工和"华越经济圈"——广东省和越南的生产网络》中，虽然以广东省为中心进行了论述，但和北部湾在地理上、文化上都有无法割裂的关系，而北部湾地区与越南地理距离最近，因而作为国际分工最好区域，应当开展更加深入和广泛的合作。并且，他也非常期待"路径珠江三角洲经济圈，北部湾经济圈，国境经济圈与越南北部的经济圈相互连接，形成东亚地区新的国际分业地区"①。另外，细川大辅（2010）在《泛北部湾经济合作的前景——广西壮族自治区的挑战》中，对泛北部湾经济发展的状况进行了展望，但并没有讨论与日本的关系②。

中国学术界对广西和东盟国家（地区）之间的经济合作方面的研究，已有大量的成果。但广西与日本之间的经济合作方面研究却较少③。一方面，这说明日本企业在广西的数量较少，对于广西经济而言缺乏影响力。另一方面，广西虽是与东盟国家（地区）交流的最前线，但在与其他国家或地区经济合作方面，相对较弱。

广西是面向东南亚的最前沿，是东亚地区中，东北亚和东南亚的节点地区，所以，具有很重要的区位优势。广西不仅对两地区可以相互影响，在经济上合作重要性也不应当被忽视。

另外，广西人口较多，劳动力人口也占较大比例。同时与东南亚之间有着紧密的联系，在交通上也得到了非常大的改善，高速铁路（以下简称"高铁"）业已贯通。从以上这些方面，日本与中国经济合作中，更不应该忽略广西地区的重要性。在此背景下，本文已有的研究成果为基础，并通过国家政策给予广西政策上的优势，探讨与日本经济交流的可行性，同时对发展模式、发展机遇进行详细的分析和论证。同时，也希望对日本如何应对中国的"新兴"地区，如何抓住广西发展中的机遇，积极地参与到广西北部湾经济发展中来，也是本章想要探讨的一个重要问题。

---

① 池部亮. 东亚的国际分工和"华越经济圈"——广东省和越南的生产网络（東アジア国際分業と「華越経済圈」－広東省とベトナムの生産ネットワーク）[M]. 新潮社，2013.

② 细川大浦. 泛北部湾经济合作的前景——广西壮族自治区的挑战（汎北部湾経済協力のゆくえ—広西チワン族自治区の挑戦）[M]. 大阪经大论集，2010.

③ 笔者根据在中国最大学术论文检索网站"中国知网"检索结果进行判断。例如，在"中国知网"输入"广西，经济，日本"等关键词，虽然约有4000余个检索结果，但不存在广西与日本经济交流方面的论文。

二、广西经济发展中的三个重要时期

(一) 广西壮族自治区的现状

广西位于北部湾北侧大陆,与广东省西部相连,西南陆地与越南交界。地理条件属亚热带气候,一年四季皆有绿色,简称"桂"。秦始皇统一中国后,开始了对百越国征讨。秦始皇曾下令在杨子江的支流湘江和漓江之间挖了一条名为"灵渠"的人工运河,作为统一岭南地区的重要交通手段,并通过该运河把士兵和军事物资送到了岭南地区,最终将该区域纳入中国版图。为了更好治理该地区,秦国在桂林设置行政机关,开始统辖广西。

中华人民共和国成立后的第二年,中国人民解放军消灭了广西残余的国民党势力,沿袭了"广西省"的行政区划制度。1950~1954 年,中国政府通过开展第一阶段的民族识别工作,对广西地区少数民族壮族人数较多的情况有了深入的了解。因此,1958 年将省建制改为壮族自治区,成为中国五个少数民族自治区之一。

广西在历史上被称为"两广地区"之一。众所周知,由于两个地区人的意识和历史背景等各种原因,经济发展的差距非常大。广西行政区下的北海市曾经归属于广东省,由于经济发展水平迄今为止依然落后于广东省的原因,当地居民至今还渴望归广东省管辖。对于广西来说,北海市作为沿海城市,是广西经济发展的重要因素之一,也是连接广西北部山区直接入海的重要城市。特别是在改革开放以后,1984 年,北海市(包括防城港)与中国其他 13 个沿海城市同时被指定为沿海开放城市。2000 年,国务院又将广西划为中国"西部大开发"地区,这也是广西作为西部地区唯一拥有沿海城市的省份,也将成为贵州省、云南省的海上重要出海口。

如表 4-1 所示,2017 年的广西常住人口数量为 5282 万人,人均 GRP 为41955 元。进出口总额为 3866.34 亿元,其中出口 1855.20 亿元,进口 2011.14亿元。另外,由于广西是农业地区,第一产业的比重相对较高,第一、二、三产业的比例分别为 14.2%、45.6% 和 40.2%,在"西部大开发"的 12 个省(区、市)中一直是位于第 1 位或第 2 位。广西还是甘蔗的主要种植区域,糖产量较大,2017 年广西产糖量为 930.26 万吨,占中国整体生产量 85%。广西是中国最大的砂糖生产地，也是该地主要的基础产业。广西工业现状是北部的柳州市已经形成了冶金、机械、汽车制造等工业集群。玉林市的"玉柴机器"在中国成了最大的柴油发动机生产基地。广西的食品工业和制药产业，作为传统工业，在中国也占有一定的地位。众所周知，由于桂林是中国历史上闻名的观光胜地，广西的观光产业也蓬勃发展。因为自然风光秀美，污染也少，特别是近年以来，游客还会为了观光和疗养，在广西生活数月。

表 4 -1　　　　　　　　　　广西经济状况（2017 年）

面积	23.67 万平方千米
人口	5282 万人
GDP	20396.25 亿元、同比增加 7.3%
GDP 产业构成比例	14.2%、45.6% 和 40.2%
固定投资	19908.27 亿元，比上年增长 12.8%
社会消费品零售总额	7813.03 亿元比上年增 11.2%
人均 GRP	41955 元
物价指数	1.6%
城镇登记失业率	2.2%
进出口总额	5721023 万美元

资料来源：笔者整理。

（二）"特区"光环与经济发展的滞后性

广西在中国经济发展过程中曾有三次经济发展的重要时期。第一次是 1984 年，广西北海市被中国政府定为 14 个沿海经济开放城市，经济发展迎来了较大的机遇和挑战。第二次是 2004 年，中国东盟国家（地区）博览会将永久设置在广西首府南宁市，将广西定位为中国和东盟国家（地区）交流最前线。第三次是 2008 年，中国政府批准了广西提出的《北部湾开发区发展规划》。笔者认为，这是自改革开放以来，广西拥有中央政府的政策优势，大力推动经济发展的极佳机会。因此，本节将围绕在这三个机会对广西如何对应而实现了经济发展进行分析。

1984 年指定北海经济特区之际，中国政府希望进一步推动广西传统产业发展，并充分发挥北海市及周边沿海地区的地理优势，通过完善基础设施来吸引更多的外资。

历史上，北海市被选为中国对外的一个窗口，可以追溯到 1876 年，清朝政府和英国缔结了《烟台条约》，这使北海市成为了中国近代史上最早开放的通商口岸之一。但此后，北海市却因各种原因，发展远落后于其他地区的沿海城市。1983 年，中国政府将北海人民公社与合浦县合并，提升到了地级水平市（关满博，2011）。但是，北海市作为特区，基础设施比其他特区落后，交通极为不便。截至 2012 年底，北海市铁路交通仍仅有以南宁市和桂林为目的地往返的 1 日两次列车运行。2013 年才开通了南宁市至北海的动车。1998 年，从北海市连接到南宁市的高速公路才实现通车，此后，南宁市和北海市的联系主要依靠高速公路。1985 年，北海市建成北海机场，并于 1994 年进一步扩建，但却依旧无法停放大型飞机。一直到了 2007 年，通过新增投资 3.08 亿元，北海市才真正具备了现代化机场。飞机的航班和目的地是基于乘客数量，但目前北海机场的航班路线对中国各地的运行而言，仍然十分不便。要想在短期时间内实现地方的人通、物通，并以此促进经济增长，北海市交通网的发展就显得相对滞后了。

1992 年，时任国务院副总理的邹家华同志指出，中国的大西南 3 省（云南省、四川省、贵州省）的海上出口地是北海市。由于中国政府给予这么高的定位，北海市迎来了房地产的建设热潮。尽管北海市至今几乎只有几家房地产公司，但 1993 年末，曾有 1266 家不动产公司注册，租借土地 13 万亩，并建设了300 多万平方米的房地产[①]。北海市作为经济特区，仅仅开发了房地产，被认为是经济发展极其不稳定的因素。为此，时任国务院总理的朱镕基同志，于 1993年和 1998 年对北海市进行了两次视察，严厉指出了北海市房地产市场已经进入泡沫阶段[②]。这也表明了中国政府的态度。此后，北海市的房地产投资开始急剧减少，此前已经建完的住宅和办公大楼等都无人问津，最终泡沫经济崩溃，北海市经济状况更加严峻。

另外，广西利用特区政策，拥有较多的中央投资资金、地方政府的基础设施建设的资金。然而，这些资金并没有合理地流入北海市，而是更多地投入了作为广西省会城市的南宁市。从 1996 年的基础设施投资完成状况来看，中央政府向广西的基础设施建设投资最多的是桂林市，共 10.37 亿元，占广西整体比例的44.76%，其次，南宁市为 2.27 亿元，占比 9.8%，而北海市只有 1.39 亿元，占5.98%。同年，广西政府的地方投资资金在南宁市为 25 亿元，占 24%，第五位

---

① 程建华. 北海现象透析 [J]. 中国国情国力，1994 (10).
② 曾民. 朱镕基去北海 [N]. 南方周末，2003 – 3 – 6.

的北海市为 8.40 亿元，占 7.73% [1]。桂林市作为世界著名的观光城市，中央政府加大对桂林市的基础设施投资，目标是为了建设配套的基础设施以提高当地旅游产业的发展。但是，广西政府在真正的特区北海市的投资却很少，只集中在了地方中心城市的南宁市。南宁市像"黑洞"一样，吸收了中央政府和地方政府的投资，但却几乎观察不到南宁市对周边地区的经济辐射功能和对周边地区的经济渗透效果。从地理位置上看，南宁市是省会城市，却并非沿海城市。作为最有经济发展潜力的北海市，却因为没有发挥城市体系中以沿海城市为主的招商引资主战场作用，更无法实现对关系经济的牵引效果了。

从区域经济学的中心地理论可知，在各地区相互独立，缺乏地域间的连接，如从北海市到南宁市的联系极为不便的情况下，这就是典型的中心地无法对周边城市经济辐射的表现形式。因此，北海市本来应该对广西和大西南 3 省担负着唯一的海上出口地的重要作用，结果却错失了经济发展的最好机会。

（三）东盟国家（地区）交流最前线和"北部湾经济区"的再出发

2000 年，中国政府实施"西部大开发"战略，包括 12 省（区、市）在内的国家级大项目。广西虽然包括其中，但因为不是以广西为主的政策，所以经济发展的模式不太可能发生根本性的变化。

2004 年，"第一届中国东盟国家（地区）国际博览会"在广西举行，南宁市被指定为博览会的永久举办地。之后，作为牵引经济发展的进出口贸易正在逐步增长。如表 4 - 2 所示，广西对东盟国家（地区）出口额的增长率上升 22.8%，占出口总额的 82.2%。广西利用与东盟国家（地区）的关系，2003 ~ 2011 年，保持了年平均 36% 的增长率，一跃成为了全国出口增速首位 [2]。可以说，广西作为东盟国家（地区）交流的最前线的效果开始逐步显现。

表 4 - 2　　　　2013 年广西与主要国家，地区的进出口总额和增长率　　　单位：亿美元

国家（地区）	出口额	同比增长率（%）	进口额	同比增长率（%）
亚洲	152.99	26.9	57.22	19.1
东盟国家（地区）	125.84	34.8	33.31	22.8
越南	114.34	38.2	12.63	- 13.3

---

① 廖延弼. 广西经济发展缓慢的原因分析 [J]. 创新南宁市社会科学院，2007（1）.

② 源自广西商务厅数据。

国家（地区）	出口额	同比增长率（％）	进口额	同比增长率（％）
日本	3.26	－ 7.8	2.23	－ 32.6
韩国	1.7	3.9	2.18	5.6
美国	11.85	－ 9.5	12.93	17.6
欧盟国家（地区）	10.13	3.9	14.89	－ 9.7

资料来源：笔者整理。

　　为了寻找更强劲的经济增长点，广西壮族自治区政府在 2006 年提出了"广西北部湾经济学区"（2006～2020）的计划。2008 年，中国国务院批准了《广西北部湾经济区发展规划》，并批准了设立了钦州市保税港区，商务部将南宁市和钦州市定位为国家加工贸易等级优先领域，可以利用国家政策贷款和利息补给等优惠政策。广西经济再次迎来了新的起点。同时，南宁市作为行政中心城市。其基础设施建设状况开始转变，以北部湾开发区的南宁市、北海市、钦州市、防城港市 4 个城市为主要发展城市集合，形成了本区域的经济发展圈。迄今为止，各城市独立发展的经济发展模式终于发生改变，并逐步形成以城市集合为基础共同发展态势。

　　通过北部湾经济区项目，为解决基础建设，尤其是交通运输的基础建设，广西开始规划和建设高速铁路。2013 年底，广西沿海城市北海市向南宁市、桂林市以及广州市等华南等主要经济重镇开通高速铁路。建设高速铁路对以南宁市为中心的经济发展模式向城市群系统方向转换奠定了基础。在海上交通优越的地理位置和连接国内城市的公路网发展的双重利好背景下，在中国当今的开发区域中，广西具有较好的投资环境①。此外，经济高速增长后的珠江三角洲地区，人工费等经营成本水涨船高，地理上毗邻的广西，平均人工费比广州市低 30% 以上。通过完善交通等基础设施，广西作为企业的第二次展开地，经济发展有望得到不错的发展。

　　正如图 4 - 1 所示，从改革开放以来，广西经济发展过程有三个发展时期。第一阶段，虽然得到极好的发展机遇，但成效却非常有限。在 1989～1995 年的第二个阶段，虽然地区总产值（GRP）增速超过了全国 GDP 的增长率，但不动

---

①　池边亮. 能否形成新经济圈？ ——展望北部湾经济圈和广西壮族自治区（新たな経済圏を形成できるか—北部湾経済圏と広西チワン族自治区の展望）[J]. 中国经济，2010（10）.

产投资泡沫却也"功不可没"。第三阶段是 2004 年以后，特别是得益于"北部湾经济区"项目的展开，交通运输等基础设施投资增加，与东盟国家（地区）国家贸易规模不断扩大，广西 GRP 的成长也超过了全国 GDP 增长速度。今后，广西将作为中国的"新兴"地区会如何发展，十分值得关注。

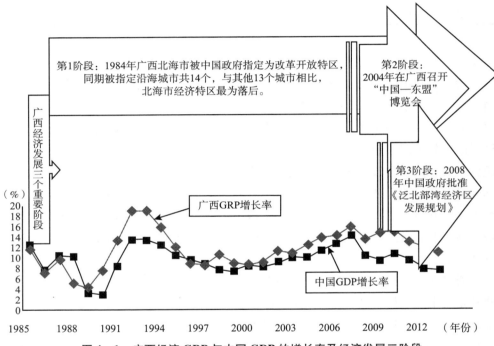

图 4－1　广西经济 GRP 与中国 GDP 的增长率及经济发展三阶段

资料来源：笔者整理。

三、东盟国家（地区）合作最前沿的
中国广西与日本合作的可能性

（一）中国广西与日本熊本县的交流现状

古往今来，广西与日本两地之间的交流甚少。两者不仅地理位置相距较远，在日本看来，通过广东省就能实现与中国华南地区的交流，故没有与广西加强直接往来。20 世纪 80 年代，随着改革开放政策的实施，中国不仅积极开展与各国的交流，各省、地级的对外交流活动也广泛开展。广西也借此机遇，积极地开展对外交流，并与日本的熊本县结成"姐妹省"（日本行政区划中"县"与中国"省"同级），熊本县也因此成了日本与广西交流的据点。

　　从表4-3的交流情况来看，广西与日本的交流主要是以人文交流为主。这对彼此了解两国文化异同的理解起到了积极作用。但是，只有文化交流，而缺乏经济交流，并不能称之为完整的交流。2012年，两地终于在经济交流领域达成了交流备忘录，同年8月28日，日本熊本县在广西南宁市开设了"日本熊本广西馆"，作为熊本县事务所派驻人员，并录用当地现2名职员负责，主要开展支援熊本县相关企业进入广西开展经济活动，以及促进熊本县产品在广西销售为主要目①。

表4-3　　　　　　**中国广西与日本熊本县友好关系缔结30年以来交流成绩**

项目	交流成绩	时间	广西派出	熊本县派出
政府间交流	友好访问团	1982～2011年	28次约300人	35次约750人
	省费留学生	1984～2006年	30人	—
	技能研修员	1983～2006年	55人	—
	农业研修生	1982年至今	15回	—
	省职员研修	1987年至今	—	7人
	会议交流	1984～2011年	4次30人	18次333人
文化交流	高中生体育交流	1984～2001年	6次95人	13次213人
	青少年国际理解交流	2004～2011年	3次40人	4次28人
	教育友好访问团	1982～1996年	4次32人	4次213人
	姐妹高校等友好交流	1987～2007年	7次	—
	姐妹电视台友好交流	1994年	1次	—
	国际交流员	1994年至今	16人	—

---

　　①　参见日本熊本县地方经济综合研究所2015年"年度经济日志"。http://www.dik.or.jp/? action = cabinet_action_main_download&block_id = 180&room_id = 1&cabinet_id = 3&file_id = 64&upload_id = 366，2015 - 2 - 7.

续表

项目	交流成绩	时间	广西派出	熊本县派出
经济交流	产业展览会、宣传会议	1983～1999 年	2 次	2 次
	经济考察团	1987～2000 年	5 次	3 次
	经济交流员	2000～2011 年	10 次 41 人	——
	中国—东盟国家（地区）博览会视察、参展	2004～2011 年	——	7 次 203 人

资料来源：笔者整理。

笔者在 2013 年 11 月调研了日本熊本县南宁市事务所，对当地的工作人员进行了采访。工作人员表示，虽然熊本县非常积极地向广西进军，也率领了熊本县企业对广西进行了考察。其中一次是熊本县企业了解到广西百色市的水果种类丰富，产品质量较好，尤其是芒果的品质很好。因此选择对实地进行考察，但由于受到物流和基础设施还不完善以及一些其他因素的制约，最终遗憾地放弃了这次投资。

2015 年，日本熊本县地方经济综合研究所进行了"熊本县内企业的经营者意识调查"。其中，"认为受到中日、日韩关系无法得到改善等政治因素冲突的影响"，对中国开展投资欲望比 2014 年下降了两位，但仍然占有 37.8%，因此，可以期待熊本县企业对广西投资合作交流的机遇仍然存在①。此外，与中国经济交流中熊本县在半导体制造装置、集成电路的收入额都排在日本全国首位的熊本县，希望广西北海市能够积极地接受相关企业入驻，深入开展合作。且两地区的经济合作有较大的可能性。东北亚地区中，黑龙江省与日本新潟县的经济交流方式也可以作为一个实际操作的范例。有着 30 年以上交流经验的广西与熊本县今后如何调整经济合作模式，将成为今后关注的重点。

（二）与日本的交流现状

根据 2012 年 7 月举办的"第七届泛北部湾经济合作论坛"资料显示，广西和日本的经济合作规模依旧很小，每年 10 月在南宁市举办的"中国—东盟国家（地区）博览会"，虽然日本方面也参与了展出，但仅限于与广西是姐妹省份的

---

① 熊本县日日新闻社地方经济综合研究所共同调查．熊本县内企业经营者调查 [OL]. http: // www. dik. or. jp/? action = cabinet3_action_main_download&block_id = 57&room_id = 1&cabinet3_id = 1&file_id = 103&upload_id = 620，2015 - 2 - 7.

熊本县和秋田县。另外，2010 年广西外资总投资额为 91200 万美元，其中，日本对广西的投资总额仅有 1347 万美元，占投资总额的 1.48%。

如图 4-2 所示，东盟国家（地区）与广西的经济贸易占了绝大多数，其中越南占全体的 75%，由此，可以了解到广西与越南的贸易关系较深，如广西的边境的东兴口岸、凭祥口岸的边境小额贸易比重也非常大。除越南外的东盟国家（地区）各国约占 7%。此外，广西与日本的贸易规模与 2009 年相比有所上升，但仍只停留在 2%。日本企业在广西的分布，主要集中在北部湾地区（南宁市、北海市、钦州市、防城港市 4 市），共 10 家，其他地区仅有 5 家（关满博，2011）。另外，根据广西商务厅的数据，从改革开放后到 2013 年底，日本企业和日中合资企业的注册公司数为 182 家，完成注册更新手续的为 106 家，其他 76 家的情况没有把握。从以上的现状来看，虽然日本以"泛北部湾经济区"观察员的身份参加 2010 年的论坛，但就现今经济合作规模来看，仍处于初级阶段。

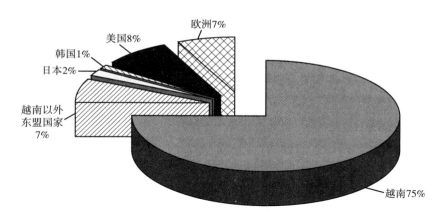

图 4-2 2013 年广西与世界各国的贸易额占比

资料来源：笔者整理。

如表 4-4 所示，2009 年广西对外贸易总体上减少 0.9%，其中与日本的贸易也进一步减少。对日进出口额总体上减少了 33.8%，其中进口额小幅增加了 1.8%，相反地，对日本出口减少了 52.2%，下降幅度超过一半以上。一方面，这是因为 2008 年美国次贷危机发生后人民币兑美元汇率持续升值导致；另一方面，也受中国国内的主要产品价格也在不断上升对出口造成了巨大的影响。广西政府积极推动与日本的经济合作，从 2008 年开始，在南宁市经济开发区建设了日本工业园。另外，广西南宁市也修建了"日本园"，2011 年 3 月开业，面积约为 7 万平方米，包括办公大楼和商业街等设施，熊本县和秋田县企业现已入驻。

表 4-4   2008～2012 年广西和日本的贸易   单位：万美元

年份	进出口总额	出口额	进口额	上年同期比增长状况（%）		
				进出口	进口	出口
2008	76977	50709	26268	27.9	33.6	18.2
2009	50957	24224	26734	-33.8	-52.2	1.8
2010	71736	37620	34115	40.8	55.3	27.6
2011	96084	44723	51361	34.0	18.9	50.7
2012	68412	35383	33028	-28.8	-20.9	-35.8

资料来源：笔者整理。

另外，广西于 2011 年 2 月 1 日，对在广西经营的日本企业设立了"广西日本工商会"，会员共 12 家。根据 2013 年 11 月的调研显示，南宁市的日本料理店已经超过了 70 家。而且南宁市在中国的城市中，日本料理店的数量超过北京市和广州市，是仅次于上海市、深圳市的第三座城市。但是，在广西经营的日本料理店几乎都是由中国台湾、香港以及当地的人经营，而事务局局长经营的日本料理店是南宁市第一个日本人经营的料理店。南宁市的日本料理店很多，究其原因，事务局局长认为，这是因为南宁市人向来具有吃鱼生的习惯，对日本料理的味道更容易接受的缘故。

如上所述，入驻广西的日本企业非常稀缺。作为中国东盟国家（地区）贸易的最前线，广西致力于与东南亚各国的经济合作，同时在东盟国家（地区）+3的国际合作模式下，应当积极推动与日本的经济合作。因此，不仅应通过建设日本园等产业（经济）合作园区吸引日本企业的入驻，而且也应积极开展相关配套设施的建设。

（三）对日经济合作的可能性

广西作为与东盟国家（地区）交流的窗口，地理位置与印度也较为接近。对中国政府来说，今后广西不仅是与东盟国家（地区）交流的最前线，还需要促进与印度的交流①。在习近平总书记提出的"一带一路"倡议中，"海上丝绸之路"是今后国际经济交流与合作的重要项目。从历史上看，广西北海市曾作为"海上

---

① 广西商务厅官网在 2015 年经济情势展望中提及"广西应加强与印度经济合作关系" http：//www. gxswt. gov. cn/htmlcontent/detail/c3dbb8ef - 7e49 - 4b26 - ae19 - a6262849b8c3，2015 - 2 - 3。

丝绸之路"的出发点，具有天然优势的地理以及历史条件。因此，广西可以看作区域经济中国际经济合作的一个重要支点。广西北部湾经济区不仅是与东盟国家（地区）地区经济交流的最前沿，在"海上丝绸之路"项目中可能扮演的重要角色，同时，也蕴藏着对外交流合作发展的巨大潜力。

从目前日本的国际经济合作政策来看，为了规避大量投资中国的风险，正在向东盟国家（地区）和印度等其他地区倾斜。但是，处在东北亚和东南亚地区的结节点上的广西，即使日本的国际经济合作方针发生变化，在地理上却无法绕开。迄今为止，日本与东盟国家（地区）的交流一直是"日本—东盟国家（地区）"之间的单向交流现象为主，其他地区事实上是被排除了。但是，日本为了加深与东盟国家（地区）的经济交流，不仅需要与东盟国家（地区）各国进行紧密的合作，还需要加深地理上已成为一体的广西之间的合作交流，以日本—东盟国家（地区）—中国（广西）这个路线积极开展国际合作。

另外，由于对大量投资中国风险问题的忧虑，日本向广西投资是越来越困难。但迄今为止，在广东省、上海市、东北三省投资的日本企业，正因为人工费用等经营成本上升，开始呈现出产业转移现象。在广西北部湾经济区，尤其是在加工产业转移的布局中，北海市具有巨大优势，不仅享有优待外资政策，工资标准也远低于东部地区。另外，广西政府在 2015 年的各项经济目标中，对加工贸易倍增计划的投入特别重视①，笔者认为，广西位于中国东部最近的地区，同时具备港口城市，从国际形势来看，可作为产业转移的最好选择。

迄今为止，日本企业在东盟国家（地区）投资的目标是追求廉价且丰富的劳动力，并将当地制造的产品再出口日本，在日本本土市场销售。2010 年，中国东盟国家（地区）自由贸易协定（CAFI）缔结以后，7000 种商品实现零关税。日本企业可以利用 CAFI 协定，从而增加从广西向中国出口的路线，从而开展日本与广西的进一步合作。

另外，在电子商务进一步发展的今天，国际运输的物流保障和简化通关必不可缺。广西近年来不仅加快了对高速铁路、高速公路、海上运输、航空运输的基础设施的建设，还宣布了 2015 年将实现通关手续的简化的目标，为电子商务发展奠定了基础。

同时，广西还是水灾等自然灾害频发的地区，而日本在自然灾害复原方面具有十分丰富的经验和科技优势，由日本进行自然灾害修复工程，对广西环境改善

---

① 源自广西商务厅官网．商务副厅长访谈［OL］．http：//www.gxswt.gov.cn/htmlcontent/detail/c3dbb8ef - 7e49 - 4b26 - ae19 - a6262849b8c3，2015 - 2 - 3．

方面也可以做出贡献。

四、广西与日本经济合作展望

　　如上所述，迄今为止，日本和广西的经济合作，主要是日本企业向广西进军，"寻求广西的原材料"和"寻求廉价且丰富的劳动力"的两种类型（关满博2011）。近年来，基于上述需求，部分日本企业开始向东盟国家（地区）国家迁移。但2004年以后，东盟国家（地区）地区，尤其在印度尼西亚、泰国和越南，劳动力成本正在不断上升，2011年将会有进一步增长①。也就是说，迄今为止东盟国家（地区）地区的廉价劳动力的比较优势正逐渐消失，日本企业的投资类型也不得不开始寻求转换方向。同时，为了寻求原材料而进军广西的日本企业，例如，王子制纸公司，是以桉树作为原材料，造纸以及建筑用合成板等产品。当地农民若种植桉树，在短时间内便有收益，而且桉树比其他的树木生产期短、产量多、销售价格高、客户也比较稳定。但是，桉树作为广西植物的外来品种，土壤养分消耗量大，在短时间内反复砍伐的话，会招致土壤质量恶化。据当地农民反映，已经出现砍伐桉树后不能再种植其他植物的现象。因为广西政府将种植桉树视为影响土壤的重要问题，决定禁止或限制桉树种植。如前文所述，广西和日本的经济合作作为"新兴"地区，应该通过完善广西交通基础设施，在东盟国家（地区）、日本的枢纽地区找到新的成长点。对于王子制纸公司这样的进驻企业而言，可能会陷入原材料短缺状况。这种情况下，为了寻求资源而成立的公司，特别是依赖桉树作为原材料的企业，很难持续经营下去。因此，今后加入广西的企业也要重新考虑。对在珠江三角洲的日本企业和日中合资企业来说，以"资源定向型"为目的的转移，尤其是追求桉树原材料的企业将会面临较大问题。

　　随着中国综合国力的增强，广西和日本的经济合作将会有更多的机遇。

---

① 酒向浩二. 东盟国家（地区）地区相继上涨的最低工资—提高生产效率和被周边国家、地区挤压的日本企业［OL］. http：//www. mizuho－ri. co. jp/publication/research/pdf/insight/as140127. pdf，2014－12－22.

第二篇

新零售与电子商务篇

第五章　外资零售企业在中国市场经营模式比较研究

包振山　刘旭彬①

一、引　　言

随着中国社会经济的发展和居民收入水平的提高，连接生产和消费的流通产业在推动经济结构调整和经济增长方式转型等方面的作用日益突出。为了促进中国流通经济的快速发展，满足不断增大的消费需求，中国政府在 1992 年提出流通领域的对外开放政策，选定青岛市等 11 个中国沿海城市进行试点改革，允许外资流通企业进入中国市场。

经过 20 多年的发展，在外资流通企业的冲击影响下，中国流通产业已逐步形成了零售业态丰富、企业经营管理先进、连锁规模不断扩大、竞争力较强与多样化、个性化的消费需求相协调的发展格局。换言之，中国流通产业用了 20 余年的时间，跨越式地达到了西方发达国家历经一百多年的发展阶段，率先完成了向现代化发展的转变。

青岛市是中国零售业对外开放的最早实验性改革城市之一。在 19 世纪末被德国殖民期间，就作为商业城市被开发建设而发展起来，其后的百余年间，作为中国的主要沿海开放城市而继续发展。随着城市经济的发展，尤其是零售经济的发展较为突出，产生了如利群集团为首的民族资本零售企业。随着改革开放政策的实施，青岛市在外资企业的引进等方式进行了各种实验性改革，制定了各种吸引外资企业进驻的政策。尤其是作为区域型的地方性大城市，具有北京市、上海市等无法比拟的柔性特点，可以弹性的进行实验性改革。青岛市场上聚集了世界

---

① 刘旭彬：日本福岛大学经济经营学院本科生。

零售百强前十位中的 5 家企业，几乎囊括了所有的欧美系、日韩系和东南亚系零售业中的大型企业。所以从某种程度上来说，青岛市零售业的发展是中国零售业发展的缩影。

　　本章以实地考察和文献资料分析为基础，选择外资零售企业竞争激烈、引领中国流通产业未来发展走向的青岛市为研究对象来分析考察，将外资零售企业划分为日韩系、欧美系、东南亚系三个类别，从进入中国市场的方式为切入点，考察不同区域类别零售企业的经营模式及特点，进而归纳对中国零售业发展的启示和借鉴。

二、外资零售企业进入方式

　　1992 年，国务院提出零售流通领域的对外开放政策后，选取以青岛市为首的沿海 11 个城市或区域为实验性改革城市，允许引进 1 ~ 2 家外资零售企业与当地企业合资的形式进入中国市场。2001 年 12 月，随着中国加盟 WTO，开始逐渐放宽对外资零售企业进入的限制条件，允许合办、合作等经营方式。2004 年 12 月，根据加盟 WTO 的约定，允许独资、兼并等经营方式。以在青岛市场上的外资零售业为对象，根据不同时期进入的企业进行分析，可以将这些企业的进入方式分为中央政府主导型、地方政府主导型和多种方式并存三种方式。

（一）中央政府主导型进入方式

　　1992 年，中央政府提出流通产业的对外开放政策后，青岛市作为首批试点城市，积极引进外资流通企业的投资。1993 年 3 月，经国务院批准，青岛市第一百货店与马来西亚的金狮集团（The Lion Group）分别出资 50%，设立山东省第一家大型中外合资零售企业，即青岛市第一百盛集团有限公司。1995 年，日本大型零售企业的佳世客超市（JUSCO）与青岛市供销社合作社联合社分别出资 50%，设立了青岛市东泰佳世客超市商业有限公司（现青岛市永旺东泰商业有限公司）。

　　在中国流通领域对外开放的初期阶段，全国范围内普遍存在引进的跨国零售企业国际知名度不高、百货店占全行业比率较大等问题。这主要是与当时中国政府着眼于外国资本的引进，对现代零售经营管理的概念认识不清有很大关系。随着之后的家乐福集团（Carrefour）、沃尔玛公司（Walmart）等全球性零售企业的进入，这一问题才逐步得到了改善。

1997 年 9 月，青岛市第一家采取现代化经营方式的大型超市百盛集团南山店开业。1998 年 1 月，中国第一家大型郊外购物中心的佳世客超市（东部店）在青岛市东部新开发地开门营业。这两家外资公司，都是亚洲知名的跨国零售企业，其发展规模、市场营销水平、经营管理等与青岛市的本土零售企业相比，具有鲜明的比较优势。由此可见，在流通领域对外开放的初期，青岛市在引进跨国零售企业方面走在了全国前列。

（二）地方政府主导型进入方式

流通领域对外开放的初期，各地政府为了发展流通产业，争相制定各种柔性优惠政策，以各种名目鼓励引进外资流通企业。青岛市也不例外，在中国加入 WTO 之前，除了引进上述两家经国务院批准的跨国零售企业外，还相继引进了家乐福集团、大润发公司、麦德龙超市等零售连锁企业，超出了试点引进 1～2 家跨国零售企业的中央政策规定。

随后中央政府加强了对地方政府引进外资企业的管制，相继出台了系列政策来强化中央主导权。中国加入 WTO 后，各种规制才分阶段的弱化。其中引人注目的是，与中央政府认可型相比，青岛市政府主导引进的跨国零售企业，不论是企业的知名度还是经营规模、经营业态等，和同期其他城市相比都处于较高层次。特别值得留意的是，以这种方式进入的跨国零售企业，对推进青岛市乃至中国流通产业向现代化转变中，发挥了巨大的积极作用。

（三）多方式并存进入方式

加入 WTO 时，中国政府承诺分阶段弱化对外资企业的规制，实行全面的开放。在此背景下，2003 年 5 月，沃尔玛公司与万达集团合作，在青岛市开设了台东店，从此拉开了跨国零售企业大规模进入青岛市场的序幕。至 2016 年底，全国零售连锁企业百强中，大润发公司、沃尔玛公司、家乐福集团、百盛集团、麦德龙超市、乐天玛特超市、易初莲花超市、佳世客超市等大型跨国零售企业先后进入了青岛市场。

跨国零售企业因中国流通政策的调整变化而选取灵活的参入策略（如表 5-1），相继进入以青岛市为首的改革试点城市（地区）。其丰富的海外经营经验，先进的经营管理及营销技术，多样化的零售业态及强大的商品调配能力等竞争优势，会对青岛市乃至全国流通产业带来了什么样的冲击影响，在下一节进行分析。

表 5 – 1　　　　　　　　　　中国流通政策演变及外资企业进入方式

发展阶段	发展时期	政策内容	进入方式
改革试点	1992 年 7 月至 1995 年 5 月	选定青岛市为首的 11 个城市（地区）进行改革试点，实验性引进 1 ~ 2 家跨国零售企业	中央政府主导型
整理调整	1995 年 6 月至 2001 年 12 月	重申审批权归国务院所有，合资合作期限为 30 年，扩大试点范围	地方政府主导型
全面开放	2001 年 12 月至 2004 年 12 月	全面解除对跨国零售企业的规制	多方式并存
共同竞争	2005 年至今	2007 年 12 月废除对跨国零售企业的优待政策	

资料来源：包振山. 中国·青岛市における小壳業の国際化—外资系小壳業の参入·展開と撤退［A］. 経済開発と環境保全の新視点，2015（6）：51 – 54.

三、跨国零售企业经营模式分析

将外资跨国零售企业分为日韩系、欧美系和东南亚系，分析各系别零售企业在青岛市场的经营模式，并归纳导致各系别零售企业不同经营结果的原因。

（一）日韩系零售企业

作为中国第一家大型郊外购物中心，佳世客超市青岛市东部店以日本三重县松阪市的店铺为样本设计建设。因进入青岛市场时恰逢市区的东部开发，当时店铺周边都是农田，尚不具备商业开发的条件而被业界普遍看衰。

但佳世客超市利用在日本及东南亚积累的郊外开发商业设施的经验，以较低的土地成本进行开发建设。以佳世客超市为核心店铺，形成由食品部门和衣服、住居、家庭用品部门组成的综合购物中心。店铺内部从商品陈列到灯光设置，为消费者提供舒适的购物空间，尽量采用本土人才，培养员工日本式的营销服务。

采用积极的低价（everyday low price，EDLP）营销战略，充分利用本土合作伙伴的当地商品调配优势，结合自身雄厚的资金优势，将东部店打造成不仅仅是提供购物的场所，而是集购物选择的多样性、便利性、舒适性、娱乐性于一体，自助式贩卖和统一结算等经营方式，在开业当天的营业额就超过了 100 万元，第一年的营业额超过了 2.8 亿元。仅用三年的时间就实现了赢利，对当地零售企业带来"经营革命"般的冲击。

在东部店顺利经营的背景下，2000 年 11 月，佳世客超市在老城区开设了辽宁路店，但该店铺因立地战略的失误，对所在商圈的未来发展性的评估不足，以及对青岛市商业开发政策的解读不当等原因，致使其经营业绩不振而在 2004 年 10 月关闭了。其后吸取快速开设门店的失败教训及东部店成功的经验，2005 年 12 月，佳世客超市在青岛市开发区开设了和东部店经营模式一样的黄岛店。其后又陆续开设了和东部店核心店铺业态一样的延吉路店（2009 年 11 月）、百丽广场店（2012 年 9 月）及大型购物中心合肥路店（2014 年 12 月）。

佳世客超市在青岛市场的店铺的共同特征，可以简单地归纳如下三个方面：一是所有的店铺都和商业街的开发建设紧密相关；二是所有的店铺都重视立地战略，选址在市（区）政府的周边；三是所有的店铺都是商业街的核心商业设施或商业设施的核心店铺。同时，佳世客超市以在青岛市的成功经营为契机，逐渐向山东省内的其他城市拓展。随着消费者收入水平的提升及消费多样化、个性化的需求变化，其经营业态也不再拘泥于大型购物中心，开始向大型百货超市、食品超市、便利店等多元化经营转变。

韩国大型零售企业乐天玛特超市在青岛市的经营发展与佳世客超市截然相反。2008 年 6 月，乐天玛特超市以兼并万客隆为起点进入中国市场。2009 年 3 月，在青岛市投资 3 亿元，以销售进口韩国商品为经营特色的城阳店开业。当时乐天玛特超市宣称未来 5 年内将重点投资开发山东市场，在山东省的青岛市、烟台市、潍坊市等地计划开设 60 家门店。2010 年 8 月和 2012 年 3 月，乐天玛特超市在青岛市的崂山店和山东南路店相继开业。其迅速地大规模开店，因对当地商业文化分析定位不足，卖场的市场定位不准，店铺运营效率低下，服务有待提升，以及立地战略的失误，加之近年来，青岛市零售企业间激烈竞争的加剧，错失了发展先机等原因，开业仅 2 年的乐天玛特超市城阳店在 2011 年 2 月关闭，乐天玛特超市山东南路店和崂山店也在 2015 年 7 月份宣布关店调整。不仅在青岛市经营不顺利，乐天玛特超市在周边的潍坊市、威海市等的店铺也因经营业绩不振而关店调整。

2016 年，因"萨德"事件的影响，以乐天玛特超市为首的韩资零售企业在中国市场上的发展遭受前所未有的危机。2017 年，乐天玛特超市海外事业部销售额仅为 10.7 万亿韩元，之后在中国坚持了近 2 年。"滑铁卢"式的经营危机使得乐天玛特超市在 2018 年 4 月 26 日，将北京市的 22 家店铺出售给物美集团，开启全面撤退中国市场的倒计时。10 月 15 日，乐天集团将旗下零售超市乐天玛特超市在中国的 72 家门店卖给青岛市的利群集团。至此为止，乐天玛特超市在中国市场上的 93 家门店分别卖给了物美集团和利群集团，余下 12 家门店也拟于 2018 年底彻底关闭，这意味着乐天玛特超市将彻底告别中国市场。

乐天玛特超市从高调进击到全面大溃败，"萨德"事件只是其败退的导火索，除了其水土不服的经营与管理问题外，还有来自中国市场上"电商"及本土企业的冲击，来自韩国市场的发展瓶颈期的压力与乐天集团的家族内斗等原因。

（二）欧美系零售企业

全球三大零售企业之一的法国家乐福集团在 1989 年进入中国台湾地区市场时，就在为进军中国内地市场做准备。20 世纪 90 年代初，中国对跨国零售企业进行试点引进时，家乐福集团和中国台湾的统一集团合资在中国内地设立公司，抢占发展先机。1999 年，基于交叉路口选址的立地战略，选择纵贯青岛市东西和南北的香港路和福州路交叉口开设了新兴店。该卖场开业当初，因周边尚处于开发中，原本三层设计的卖场只建造两层就对外营业了。

家乐福集团采用先进的超市管理模式，低价的营销策略，丰富的商品陈列，宽敞舒适的店铺构造，自助式的贩卖方式，"一站式购物理念"的实行等，这对当时仍采用传统的隔着柜台的对面销售方式的当地零售商及消费者来说，带来了极大的冲击。在开业第一年的销售额就出乎意料的达到了 4.07 亿元，成为当年该公司同业态店铺中销售额最高的卖场。其顺利的经营发展在两年后增建了第三层，此后又开设了山东路店。在这两家卖场顺利发展的背景下，2010 年又在辽阳西路开设了第三家卖场，同时，在青岛市设立了山东省区域管理总部。

德国大型现购自运批发零售企业麦德龙超市，在 1996 年和上海市锦江集团合资组建了上海市锦江麦德龙现购自运有限公司，从此拉开了进军中国市场的序幕。2001 年 1 月青岛市麦德龙超市四方商场开业，以酒店、餐馆、食堂、中小零售商、企事业单位等为客户对象。为降低经营成本，商场采用简单装修的仓库型卖场。2012 年 12 月在青岛市开发区的开设了同业态的黄岛店。2015 年 9 月，为适应消费需求的变化，重装升级的麦德龙超市青岛市四方商场，以更加舒适的购物环境和服务设施为顾客服务，同时与餐饮类等专业客户间加强沟通，进一步挖掘现购自运模式的与众不同的营销潜力。

全球零售第一的美国沃尔玛公司虽然较早进入中国市场，但因早期中央政府对跨国零售企业的规制，直至 2003 年 9 月才和万达集团合作进入青岛市场，在有"人气神话"之称的青岛市台东商圈开设了台东店。2010 年 11 月在青岛市城阳区投资 1.4 亿元，营业面积 1.2 万平方米的城阳店开业。同年，沃尔玛公司将在山东省采购中心的区域管理总部设立在青岛市。然而由于青岛市内跨国零售企业竞争的加剧，开业仅 3 年的城阳店因和发展起来的当地零售企业的竞争失利而关闭。悄然关门的城阳店和旺盛人气的台东店形成了鲜明的对比，可见良好的店铺立地对零售企业的重要性。另外，沃尔玛公司不仅在 2013 年关闭了其在青岛市的城阳店，在全国范围内也相继关闭了 11 家门店，由此打破了沃尔玛公司在中国市场的经营神话，中国流通产业由"引狼入室"进入了"与狼共舞"的新常态。

全球零售巨头的英国乐购集团，在 2004 年与中国台资顶新集团合作进入中国市场。在 2006 年和 2009 年，分两次收购了顶新集团股份的 80% 后，掌控了企业的经营主导权。2010 年 9 月，在青岛市开设乐都汇人民路店，该项目是其在中国经营的第一个购地自建的综合性购物中心，也是跨国零售企业在中国投入运营的第一个商业地产项目。该购物中心分为地上五层和地下两层，总建筑面积达 7.6 万平方米，采用先进的环保理念，致力于引领青岛市人民路商圈的发展。同年，明霞路店和城阳店也先后施工建设。然而乐都汇人民路店，和当地零售巨头的利群四方店隔路相望，在和其价格竞争战中失利。其后相继采取了各种改进措施，如管理层的本土化，强化与消费者的沟通交流，加强本地商品调配网络的构建等，但在开业仅 3 年后的 2013 年 7 月，因经营业绩亏损而关门，并因企业总部全球战略的调整退出了青岛市场，其后也退出了中国市场。其失利的主要原因是与利群竞争失利，经营优势没有得到充分发挥，目标市场定位不准确，对当地商业文化把握不足，客观原因是公司总部的全球战略调整。

（三）东南亚系零售企业

马来西亚的零售巨头金狮集团以合资的形式进入青岛市场。1997 年 9 月，作为青岛市第一家采用现代化经营方式的百盛集团南山店开业。从店铺内部的装修、商品的陈列、到店铺外部广告牌等的设置，再到店铺营销方式，管理理念等乃至其综合超市的零售业态对岛城零售商带来了极大的冲击，并迅速获得消费者的青睐。1998 年 7 月，在青岛市商业发源地的中山路商圈开设百盛集团商场，现代化的百货店经营管理方式，对当地传统百货店带来了极大的冲击。其后，因台东商圈零售店铺间激烈竞争的加剧，百盛集团南山超市被五星电器收购。2016 年，沉寂多年的百盛集团再出大手笔，在青岛市东部投资 15.7 亿元，与青岛市啤酒城合作建设大型购物中心，引领青岛市东部商圈的新发展。

中国台湾零售企业大润发公司进入中国大陆市场时，恰逢中央政府强化对跨国零售企业的规制，因此，在青岛市以内资企业的身份设立青岛市润泰事业有限公司，其店铺命名为大福源，和其旗下在中国其他城市的"百润发""金润发"

等相区别。2006 年才将全国店铺统一更名为大润发公司。2002 年 9 月的青岛市宁夏路店开业以来，以"新鲜、便宜、舒适、便利"的形象深得消费者青睐，取得了良好的经营业绩。此店的经营为其在城阳区关闭的乐天玛特超市店的基础上重装开业，并获得消费者青睐提供了宝贵的经验。大润发公司城阳店在"开业当天，大润发公司内人头攒动，门庭若市，到处都是疯狂抢购的市民。据统计，当天的车流就达 3800 余辆、客流 17000 多人、销售额突破 135 万。开业三天，日均客流量 2 万余人、车流量 5000 余辆①"。并由此盘活了所在的城阳商圈，使其迎来新的发展机遇。

泰国的正大集团是具有代表性的华侨系零售企业，也是第一批进入中国市场的跨国零售企业。1997 年 6 月以在上海市开设一号店为契机，拉开了在中国扩张开店的序幕。2005 年 4 月，在青岛市设立青岛市卜蜂莲花超市有限公司，2006 年 8 月开设了辽阳西路店，2008 年将店铺更名为易初莲花超市。其后因在中国市场的经营发展不顺而放慢了在青岛市扩张开店的步伐。

四、跨国零售企业在中国经营模式的特点

（一）日韩系零售企业

佳世客超市是日本零售企业中进入中国市场较早、经营发展最为成功的企业之一，与同时期的西武百货、八佰伴公司、西友百货、大荣公司等撤离我中国市场形成鲜明的对比。其经营模式的优势在于：一是灵活运用在东南亚及日本国内积累的经营经验，应市政府开发新商业地带的邀请而参入青岛市场；二是吸取其他日系零售企业在中国经营失利的经验和教训，采取慎重的开设店铺策略，集中在一个城市进行经营发展，以其为立足点向周边城市、地域扩展。三是受来自日本国内的影响和制约较小，利用差别化的竞争优势，积极进行扩张，适应消费者日益多样化的需求而不断调整经营业态，采用多样化、规模化发展战略。

乐天玛特超市和佳世客超市在青岛市场的经营发展结果截然相反。乐天玛特超市因快速大规模扩张导致资金链断裂，对当地商业文化分析定位不足，卖

---

① 大润发超市青岛市城阳宝龙店 9 月 21 日开业 ［OL］. http：//www. linkshop. com. cn/web/archives/2012/227133. shtml，2015 – 9 – 21.

场的市场定位不准，店铺运营效率低下，服务有待提升以及立地战略的失误，加之青岛市零售商业竞争的激烈加剧，错失了发展先机等原因而有被挤出青岛市场的趋势。

（二）欧美系零售企业

欧美系零售企业在较长的海外扩展和经营演变中，形成了强大的综合竞争能力，一是先进的营销技能和丰厚的资本运作能力；二是企业品牌力量强大，自有商品开发销售优势明显；三是以国际经营为基盘，全球商品调配能力强大；四是拥有先进的电子信息管理系统和物流系统等。虽然欧美系零售企业有着其他系别零售业无法比拟的海外经营优势和经验，但其经营模式也并不是无懈可击的，如全球零售第一的沃尔玛公司因立地战略的失误而出现了城阳店的关闭，世界零售巨头的英国乐购因商品调配网的构建和经营优势没有发挥出来，致使其在和当地零售企业竞争中失利撤离青岛市乃至中国市场。

（三）东南亚系零售企业

在中国加入 WTO 前后，东南亚系零售企业果敢地向中国及青岛市场扩张，其快速的发展得益于：一是利用在中国有较多的和其母公司有业务关系的制造公司、物流公司的优势，形成经营上的相乘效果；二是利用母公司强大的国际融资能力和资金运作能力为武器，以合并当地公司或开设新公司的形式进行扩张；三是灵活运用与中国相近的地缘优势和消费习惯等，将经营管理优势运用到中国市场，准确地把握中国消费动向的变化，具有较高的本土化适应能力。

如表 5 - 2 及以上所述，青岛市场上的跨国零售企业的经营模式可以归纳为以下三类：一是佳世客超市、家乐福集团、大润发公司等跨国零售企业，利用先发性优势抢占发展先机，率先进驻青岛市场，并呈现出多样化、大规模化的发展态势。二是乐天玛特超市、乐购等跨国零售企业在和青岛市当地企业竞争中失利，立地战略失误，市场定位不准，本土化不彻底，经营管理混乱，经营优势没得到有效发挥等原因而折戟。三是不管是青岛市场不断大规模化发展的佳世客超市，还是全球零售第一的沃尔玛公司，都出现了经营业绩不振而关闭部分门店的失败事例，同一市场上的同一企业，却出现经营业绩较高和较低的不同态势，形成了鲜明的对比。

表 5 - 2　　　　　　　　　　跨国零售企业在青岛市场的经营状况

国家（地区）	企业名称	进入时间（年. 月）	业态	店铺数（个）		备注
				2000 年	2015 年	
日本	佳世客超市	1998.1	购物中心、综合超市、便利店	2	5	辽宁路店 2000 年 11 月开业，2004 年 10 月关闭
韩国	乐天玛特超市	2009.3	大型综合超市	—	2	2009 年 3 月开业的城阳店于 2011 年 2 月关闭，2015 年 7 月崂山店和山东南路店关店调整
法国	家乐福集团	1999.12	大型综合超市、综合超市	1	3	—
美国	沃尔玛公司	2003.9	大型综合超市	—	1	2010 年 3 月开业的城阳店于 2013 年 12 月关闭
英国	乐购集团	2010.1	购物中心	—	—	2010 年 1 月开业的人民路店于 2013 年 7 月关闭，建设中的另外两家店铺也搁置
德国	麦德龙超市	2001.1	仓储型商场	—	2	—
马来西亚	百盛集团	1994.5	综合超市、百货店	2	1	1997 年 8 月开业的南山超市于 2005 年 11 月被五星电器收购
泰国	易初莲花超市	2006.8	大型综合超市	—	1	—
中国台湾	大润发公司	2002.9	大型综合超市	—	2	—

资料来源：包振山. 中国·青岛市における小壳业の国際化—外资系小壳业の参入·展開と撤退 [A]. 経済開発と環境保全の新視点，2015（6）：62 - 63.

五、对中国零售流通业发展的启示

综上所述，通过对在青岛市场上的跨国零售企业参入方式、经营模式及特征的分析，可以对加快中国零售业创新发展和转型升级，增强经济发展新动力提出如下五点启示。

第一，应转变对跨国零售企业的认识，着力引进全球知名大型零售企业。沃尔玛公司、家乐福集团等全球大型零售企业，其先进的经营理念，科学丰富的经营管理，先进而适用的营销技术，高效率的商品调配能力等，一度在进入中国市场的初期，对内资企业带来了极大的冲击，被媒体称之为"引狼入室"。但中国零售业零细性的市场特征及内资企业强大的学习创新能力，在与外资企业的竞争中，逐渐成长强大起来，不仅没有被"狼"吃掉，反而具备了"与狼共舞"的竞争能力，甚至出现了"羊吃狼"的局面，中国零售业进入了"新常态"。

特别是近年来，中国零售市场上不断出现跨国零售企业关店的失败事例，并有逐年增多的趋势。与此形成鲜明对比的是，内资零售企业的竞争力在不断提升，在多业态大规模的连锁发展中强大起来。但在中国零售业向现代化发展的快速转变过程中，跨国零售企业的强大冲击带动作用是毋庸置疑的。因此零售流通领域因地域发展而存在较大的发展差距的现状，尤其是中西部地区和城市，应转变对跨国零售企业的认识，着力积极的将其引进来，冲击当地的零售企业向现代化经营发展转变，以促进零售业实现跨越式的发展，促进流通产业的升级转型。

第二，制定零售发展规划等宏观政策，引导内资零售企业错位经营，强化特色。鼓励本地企业的创新力、控制力动态统一与对外竞合有机结合。借鉴参考青岛市等沿海城市零售业发展中，政府所发挥的引导作用，制定相关发展规划，促进零售业的发展。在为零售企业发展提供良好的宏观环境的同时，尊重市场发展规律，以引导为主，鼓励内外资零售企业间的竞争，促进企业的优胜劣汰。

规避中国零售业发展过程中出现的普遍雷同化的弊端，政府及零售企业应重视差异化经营，结合企业自身经营特点，因地制宜地以不同区域消费者的需求特征为基础，强化零售企业的发展特色。特别是本地零售企业在与外资企业的竞争中要增强自身的灵活性，充分挖掘和利用本地企业的优势，在其生态系统中既要竞争，又要合作，以合作求竞争来促进企业自身的发展，共同促进中国零售业的发展。

第三，鼓励零售企业间通过兼并、收购、合并重组及股份制改造等多种方式来引导当地零售企业向规模化、集团化发展，大力发展连锁经营，提高零售业的现代化程度。中国零售业整体业态格局存在以单体规模扩大的大型零售店和众多孤立的中小型零售店为主，专业分工不明确，组织化程度低，零售流通效率不高等问题。因此要引导并鼓励内资零售企业，以资本运营为纽带，通过兼并、收购、合并重组及股份制改造等多种形式来提高企业竞争力，扶持几家大型零售企业以连锁经营的形式向大规模化、集团化转变，实现企业规模效益，使其在和跨国零售企业的竞争中强大起来，并在竞争中逐步发挥本土企业优势，不断提升中国零售业现代化程度。

第四，在"互联网＋"背景下，尊重并适应消费需求的变化，创新零售业态，引领消费，促进生产，使零售业在中国经济转型发展的新常态下成为新的增长点。中国社会科学院发布的《流通蓝皮书（2013～2014）》中把脉"党的十八大后的零售流通发展局势，指出随着市场地位和职能提升，零售流通业将快速发展成为中国社会经济的重要推动力量"。

在中国市场上共同竞争发展的内外资零售企业，特别是内资企业，要重视立地、品牌、经营管理等经营战略，吸取跨国零售企业在青岛市经营发展中因立地战略的失误，目标市场定位不明确等原因而关店的失败教训，重视店铺选址的立地经营战略，尊重并适应消费需求日益多样化、个性化的变化，结合信息通信技术快速更新发展的新形式，重视实体店铺的"线下"经营和网上营销的"线上"需求，同时向综合超市、百货店、便利店、购物中心等多业态的经营发展转变，建立消费风险预警机制，解决供需信息不对称等问题。提升消费理念，引导消费行为，稳定消费心理，促进消费模式趋向成熟，在其促进生产，扩大消费，推动经济结构调整和经济增长方式转变中发挥更大的作用。

第五，在"一带一路"倡议的引导下，积极鼓励中国零售企业"走出去"。改革开放以来，特别是20世纪90年代流通领域对外开放后，中国零售企业在外资企业的冲击带动下，取得了长足的发展，从产业规模到企业的管理技术、竞争力水平等都有了巨大提升。在和外资流通巨头企业的激烈竞争历练中成长了起来，因此要冲破地域限制，随着"一带一路"倡议的加快发展，中国零售企业"走出去"也应加速前行。这对促进中国商品全球分销，合理规避反倾销等具有重大意义，同时也符合建立与中国经济与贸易大国地位相称的世界服务贸易新格局的需要。

第六章　新零售与区域性商贸深化[①]

张　力[②]　何为民

　　经济发展和市场竞争是一切零售业态产生和发展的基础和前提。零售业态的变化发展反映一个国家经济发展、市场繁荣和人民生活水平提高的程度和发展趋势。零售是商品流通过程中的最终环节，任何向最终消费者销售商品或提供服务的企业都执行了零售的职能，作为国民经济的重要组成部分，它是流通经济的重要出口，对生产和消费具有很强的导向作用。零售业对地方经济的发展，尤其是区域性商贸的发展发挥着基础性作用，对区域的生产方式、生活方式和消费方式产生影响。市场经济的发展催生了各种现代零售业态，使传统零售业态急剧收缩。市场竞争态势的演变，必然还会继续引起各种零售业态的更迭。零售业态的结构调整与优化是目前中国市场经济发展中至关重要的问题。新零售业态结构变革是一场深刻的社会变革，是适应消费变化的零售产业进化的重要组成部分，也是引领生产方式变革的重要引擎。

　　笔者认为，从零售业的发展史来看，零售业态的发展是随着技术的变迁而改变的，技术进步对零售业态生成和发展具有促进作用。零售的"新"本质上是技术变迁的结果，实质是各类技术在零售场景应用，从而改变了商业的契约模式。

一、传统零售业的变革之路

　　零售业是向最终消费者提供所需商品和服务为主的行业，关于零售业目前并没有一个统一的定义，而根据美国商务部的定义，零售业它不改变商品的最初形式，包括所有把较少数量商品销售给普通消费者的实体。生产的产品最终都要通过零售环节流向消费者，产品变成商品，并使商品脱离流通领域而进入消费领

---

　　①　本文为广东海洋大学寸金学院创新强校项目阶段性研究成果。

　　②　张力：广东海洋大学寸金学院经济与金融系、北部湾经济研究中心经济学博士。

域，实现商品的价值。传统的零售业关注是"买什么商品"。根据《零售业态分类（GB/T 18106—2004）》对零售业态的划分，业态的分类主要依据零售业的选址、规模、目标顾客、商品结构、店堂设施、经营方式、服务功能等确定，将零售业划分为 18 种业态。目前，中国零售业的主要业态有百货店、超级市场、大型综合超市、便利店、仓储式商场、专业店、专卖店、购物中心等。

美国学者迈克纳尔（M. P. McNair）在 1958 年提出的"零售轮转理论"认为零售业态的变迁取决于成本，而 O. 尼尔森（O. Nielsen）的"真空地带理论"认为零售商业的业态变迁主要取决于消费者偏好。[①] 根据零售轮转理论（wheel & retailing）的假说，零售业的业态变革有一个周期性的像车轮一样的发展规律。成本领先战略所构成的"低成本、低利润、低价格"是新兴零售业态的核心竞争力，这种成本控制涵盖了商品购、存、销流转过程所有环节上的成本和费用控制。零售组织按"进入（entry）→费用上升（trading-up）→衰落（vulnerable）"三个阶段进行演化，进而促使新的零售组织进行替代。这种替代是在低成本控制力上的一种替代，低端的旧零售业态组织战略升级以增加销售规模和毛利时，一种新型低价零售形态又在低端市场出现。显然，零售转轮理论过于教条化来分析零售业态的变迁。丹麦学者 O. 尼尔森于 1966 年提出的"真空地带假说（vacuum hypothesis）"是对零售轮回理论的一个补充，他假定零售商的服务水平与价格水平之间存在正相关，消费者对不同水平的服务与价格组合具有不同的偏好分布曲线，认为零售的业者会持续地寻找消费者服务需求未被满足的真空地带来进行业态的补缺。当然，这种理论对于那些以高价格、高服务进入市场的业态则缺乏解释力，尤其对便利店的迅速发展及无店铺零售业的发展都难以解释。

另外，有理论认为零售业态发展与经济发展具有正相关。不同水平的 GNP水平可以对应不同水平的零售新兴业态。当经济成长到一定的程度时，新消费需求会导致不同零售业态的产生与兴起。可以发现，消费者的消费特性是随着不同水平的 GNP 发生变化的，人均 GNP 水平在 1000 美元时，消费者偏好于品种的多样化和追求高品质的商品，则催生了百货公司形式的零售业态。当人均 GNP 水平在 3000 美元时，会产生快速、便利性的消费诉求，超级市场的零售模式会应运而生。方虹（2001）认为，从全球范围来看，生产力水平的提高、城市化的发展、人民生活水平的提高以及经济的全球化趋势是促进零售业发展的主要原因。每一零售业态的形成与发展，必然与人口、购买力之间保持合理比例，各业态之

---

① 杨智凯，宋源. 零售业态变迁的内在驱动力研究——美国经验与中国实践［J］. 上海管理科学，2006（3）：53 - 57.

间必须要保持合理的比例结构。零售业态结构变革，是社会变革的一部分，是零售业变革的重要组成部分。① 社会分工日趋细密的今天，社会所提供的宽松的心理空间与人际空间使得消费者个性化的需求日益受到尊重，对于服务比以往任何时候都要求周到和专业。

（一）西方零售业态的变迁

西方零售业是西方国家经济发展的重要产业业态，经历了 150 多年的发展历程，孕育了像沃尔玛、家乐福、麦德隆等一大批巨型零售企业，创造了百货、超市、仓储俱乐部等零售业态，相对于中国零售企业而言，具有规模、资金、技术、管理等多方面的优势。

从整个经济发展史而言，西方的零售业经历了四次革命。第一次革命是 1852 年，巴黎在出现了第一家百货商店 "LeBon Marche"，这标志着现代意义的百货店诞生，开始了实行明码标价、自由选购、全品类经营、讲究商品陈列和实行"薄利多销"规模销售的经营方式，极大压低进货成本，在组织经营上也开始推行组织管理上实行商品部制，百货商店是一种大规模零售业态。

第二次革命出现在美国，开发了新的商业业态。美国是内需市场型的工业国家，其产业结构却是以服务业为主。1859 年美国成立了第一家连锁商店大西洋与太平洋茶叶公司。1865 年，美国的胜家缝纫机公司成立了世界上第一家特许加盟连锁店。连锁经营业态的变革打破了单店经营的商圈局限，它改变了零售业的经营方式，通过科学的选址把网点分散化经营，发挥了"总分结合"经营的整体优势和实现了规模效益，且实行采购与销售分离的经营体制，推动了商场的标准化作业。

第三次革命的零售业革命还是出现在商业高度发达的美国市场。采取的是一种顾客自我服务的销售方式，即在商店里顾客自己挑选商品，挑选完后集中一次性结算，使向顾客提供标准化的商品和服务成为可能。1962 年成立沃尔玛，开启了这种超级市场的商业模式，实行了开架售货和一站式采购，引入了采用条形码、POS 机等计算机信息管理系统，规模化的零售业态开始显现。超级市场的快速发展得益于信息技术的发展，这种商业模式主要是对生产和流通环节的商业变革，改变了传统的生产和商业流通的契约模式，以销售食品、生鲜食品、副食品和生活用品为主，满足顾客日常的生活需求，适应了现代社会快节奏的工作和生

---

① 方虹. 零售业态的生成机理与中国零售业态结构调整 ［J］. 商业经济与管理，2001（10）：5 – 8.

活方式。

随后，购物中心、专卖店、仓储商店、折扣店、无店铺销售商店等针对不同消费群体的零售业态新兴业态出现。零售业的第四次革命，科学技术的进步促使无店铺销售的兴起，无店铺的零售模式是电子技术的电子信息技术发展的应用。这种无店铺销售的风潮最早源自美国，如邮购、互联网、自动售货机、电视购物等。随着互联网市场的发展，到了1995年亚马逊公司成立，开启了线上的超级市场模式。这是第四次零售业革命的开端，进行了数字化、全渠道、全业态的一种变革。西方零售业百年的发展历程中，主要的驱动力来源于主要信息技术的持续创新、零售产业市场的激烈竞争和消费者需求的多元变化。美国的零售业则是利用信息技术获取零售商业竞争优势巨大成功的典范。

（二）中国传统零售业态的变迁

西方零售业态的变迁，李怀政，仲向平，鲍观明等（2001）认为，中国处于社会转型期，市场对资源的基础性配置效应还很不显著，零售业态的发展与变迁并不完全遵循世界零售业态变化的一般规律，具有极强的中国特色。[①] 中国的零售业发展相对比较滞后，1978年以前，中国实行的是计划经济体制，商品流通由国家统一计划分配，商业机构以国家机构为主，实质是一个商品分配系统，零售业态主要以中小型百货商店与杂货店为主的单一结构业态。

从1978~2018年，中国零售经历了40年的改革发展。1978年开始，中国进行了流通体制改革。1981年零售企业开始引入信息化。1984年开始，以城市为重点的经济体制改革全面展开，全国范围开始了兴建大型商厦的热潮，加快了大型商场的发展速度，是以国有大型百货业态为主体的单一业态阶段，也是中国百货业发展的"黄金时期"。1992年，国家开始允许外资零售企业进入中国零售领域。

1997年开始，中国的百货业进入全面萎缩阶段。1996年以后，出现了以连锁超市为主体的多业态并存的阶段，中国的各种零售业态逐步分化和重组。中国加入WTO以后，外资商业零售企业纷纷在中国抢滩登陆。[②] 2003年后，中国的零售市场已经呈现了国际化竞争的趋势。中国零售业虽然打破业态单一化，形成了多种业态并存的格局，但大多数零售组织的业态变革仍是一种浅层表面变革。

---

① 李怀政，仲向平，鲍观明. 加入WTO以后中国零售业态的合理变迁 [J]. 商业经济与管理，2001 (10)：18-21.

② 王烈. WTO与中国商业零售业的变化 [J]. 江苏商论，2002 (12)：6-8.

多种零售业态共争共存是当今市场经济条件下的普遍现象，问题在于要使各种零售业态形成一种合理的匹配结构，呈现出具有各自特色的竞争力。

二、中国经济增长与零售业发展

（一）当前中国经济结构的变化

从 1978 年中国改革开放以来，社会经济获得了近四十年的高速增长期。根据经济增长的传统的"三驾马车"理论，经济地增长主要是来自三大需求，即投资，出口和消费。中国经济从 2001 年加入 WTO 以来，靠出口带动了经济的增长。从经济增长的实质来看，无论是投资、出口还是消费，这三大需求的核心和主体都是人，都要靠不同主体的消费。从 2008～2010 年，中国形成了以投资高峰拉动经济增长的高峰期。

海关数据统计，2018 年 1～8 月中国一般贸易进出口量达到 11.43 万亿元，增长 13.1%。货物贸易进出口总值 19.43 万亿元人民币，同比增长 9.1%。其中，货物贸易出口达到了 10.34 万亿元，增长了 5.4%，占中国外贸总值的 58.8%。其中，出口 5.9 万亿元，增长 10.1%；进口 5.53 万亿元，增长 16.5%。

中欧贸易总值 2.87 万亿元，同比增长 6.2%，自欧盟进口 1.17 万亿元，增长 8.9%，对欧贸易顺差收窄 4.1%。

中美贸易总值为 2.67 万亿元，同比增长 5.9%，自美国进口 7141.3 亿元，增长 4.4%，对美国仍保持顺差，但是已经开始收窄了。

中国与东盟地区国家贸易总值为 2.45 万亿元，同比增长 11.8%，自东盟进口 1.12 万亿元，增长 13.3%，对对东盟贸易顺差收窄。

中日贸易总值为 1.38 万亿元，同比增长 4.5%，自日本进口 7700.7 亿元，增长 7.1%；对日贸易逆差扩大。

中国的民营企业进出口 7.63 万亿元，增长 11.8%，出口 4.95 万亿元，增长 8.2%，进口 2.68 万亿元，增长 19%。

中国的国有企业进出口 3.49 万亿元，增长 16.4%。其中，出口 1.12 万亿元，增长 7.5%；进口 2.37 万亿元，增长 21.2%。

中国和外商投资企业进出口 8.24 万亿元，增长 4.1%，出口 4.27 万亿元，增长 1.9%，进口 3.97 万亿元，增长 6.6%。①

尽管存在中美贸易摩擦，但中国进出口总值已超过上年全年，同比增长近 15%。其中，不排除因企业希望规避贸易风险而提前贸易量透支。然而，从总体来讲，中国出口高增长时代已经结束。根据 2017 年的统计公报显示，货物和服务净出口对国内生产总值增长的贡献率仅为 9.1%，出口对经济的增长贡献已经开始下降。

2010 年，投资对经济贡献率达到了 66.3%。中国的经济也已经从 30 年前的资本短缺的时代，进入了资本相对充裕的时代。中国经济仍需要不断地增加投资，但是依靠投资增长的效益和单纯投资资本的边际回报率将会越来越低，中国的投资正在进入从量到质的转变期。到 2017 年，投资对经济增长拉动只有 32.1% 了。投资在中国的扩张加剧了产能的过剩和市场竞争，这促使了真正需求转向高品质的服务和产品，倒逼着产业转型。

从 2013～2017 年中国社会消费品零售总额统计情况（见图 6-1）来看，社会总体消费水平是不断上涨的，消费对整个经济拉动的作用已经较为明显。根据 2017 年的统计公报，中国 2017 年经济总量（按照 1 美元∶6.75 元人民币的汇率计算）为 12.254 万亿美元，全年最终消费支出对中国国内生产总值增长的贡献率已经达到了 58.8%，资本形成总额贡献率只占到了 32.1%，投资∶出口∶消费已经呈 6∶3∶1 的态势。2017 年，净出口对经济增长贡献率只有 9.1%。2016 年底，中国零售业经营单位已经达到了 1811.91 万个。其中，法人企业单位数量比重为 13.5%；个体工商户数量 1567.08 万个，占全部经营单位比重为 86.5%。2017 年，社会消费品零售总额 366262 亿元。到 2018 年上半年，中国社会消费品零售总额为 180018 亿元，同比增长 9.4%。在宏观经济增速换挡的大环境下，社零总体增速从数据上看略有放缓。

另外，要深刻认识中国人口的变化趋势对经济发展的影响。目前，中国大量地区人口已经开始呈现下降趋势，新增人口主要集中少数大型城市，尤其是人口向省会城市集中，改变着区域结构。2017 年中国人口增加 737 万人，其中，广州市和深圳市两个城市新增人口为 107 万人，两个城市就占全国新增人口的 14.5%。人口分布的变化正逐渐改变了区域经济业态的，也引发了区域零售业态的改变。

---

① 资料来源：经海关统计局数据整理。

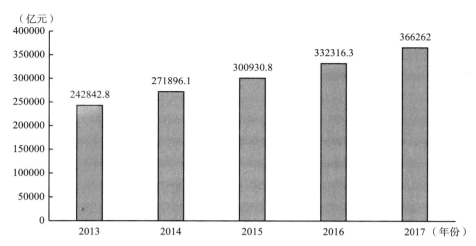

图 6 - 1　2013 ~ 2017 年中国社会消费品零售总额统计情况

资料来源：笔者整理。

（二）互联网经济的兴起

随着经济的发展，零售业环境不断发生变化，从而导致零售业在选址、商品组合、营业时间、技术服务及销售方式等方面发生变化，这些变化最终导致零售业态形式发生演变。就目前的经济发展态势而言，中国的经济正处于增长和经济改革的攻坚期，这是一个新旧动能转换的过程，驱动经济增长的新旧动能处于拉锯阶段，新动能处于培育和上升期，旧动能目前仍然是主导经济增长的动力。互联网已成为推动经济发展的新动力，对国民经济增长的贡献和对其他产业的带动作用日益增强。

各种零售业态从其产生发展满足居民日益增长的购物需求，因直至成熟最后走向衰亡，经历一个而尚存在较多的发展空间。互联网经济是信息网络化时代产生的一种崭新的经济现象，它给市场竞争带来新的特点，更适合差异化竞争中具有沉淀成本的可竞争（contestable）状态。互联网经济将从经济结构优化、业态结构优化、市场结构优化三个方面，产生结构转型的效应。① 经济主体的生产、交换、分配、消费等经济活动，以及金融机构和政府职能部门等主体的经济行为，都越来越多地依赖信息网络，不仅要从网络上获取大量经济信息，依靠网络进行预测和决策，而且许多交易行为也直接在信息网络上进行，未来的新业态实

---

① 姜奇平．"互联网＋"与中国经济的未来形态［J］．人民论坛·学术前沿，2015（10）：52－6．

质要求在信息生产力基础上转变产业发展方式，催生多样化增值应用。"中国制2025"与德国的工业4.0、美国的工业互联网代表了下一步制造业与互联网结合的世界性趋势。

2016年底，中国零售业经营单位共有1811.91万个，全年商品零售额近29.7万亿元。如图6-2所示，实体零售增速明显分化，2016年便利店、购物中心、超市销售额增长较快，增速分别为7.7%、7.4%和6.7%；专业店、百货店销售额增长较慢，增速分别为3.1%和1.3%，百货店增速较上年下降2.1个百分点，专业店增速比上年提高2.8个百分点。2017年，全国网上零售额71751亿元，对社会消费品零售总额增长的贡献率达到了37.9%。其中，实物商品网上零售额54806亿元，增长28.0%，占社会消费品零售总额的比重为15.0%；在实物商品网上零售额中，吃、穿和用类商品分别增长28.6%、20.3%和30.8%。

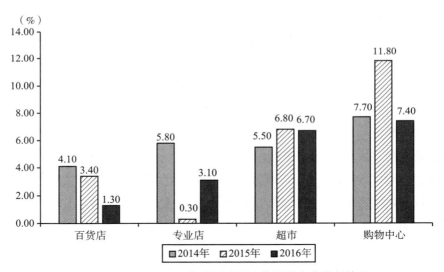

图6-2   2014～2016年中国主要实体零售业态增长情况

资料来源：笔者整理。

随着信息技术的进步和网络覆盖范围的扩大，尤其是国家对农村地区网络建设的支持力度不断加大，网络购物用户规模持续壮大，网络零售额增速远远超过社会商品零售总额的增速。2016年末全国25.1%的村建立起了电子商务配送站点。

从以上数据来看，以互联网为依托的网络零售的消费拉动作用明显增强。

（三）电子商务的兴起

以互联网为代表的信息技术日新月异，引领了社会生产新变革，改变了人类生活方式和生活空间。电子商务是在互联网发展、成熟的基础上产生的。电子商务和物流业的发展，对传统零售业造成巨大的影响。2017 年底，中国网络零售额占全社会消费品零售总额比重超过 10%，2018 年 1～6 月份，全国网上零售额40810 亿元，同比增长 30.1%。① 中国零售业线上与线下、批发与零售、城市与乡村流通市场共同发展的新格局形成。狭义的电子商务（electronic commerce，EC）可以称之为电子交易，是指人们利用电子化手段进行以商品交换为中心的各种商务活动，如企业与企业，企业与消费者之间利用计算机网络进行的商务活动。电子商务以其信息传递快、流通环节省、交易成本低、跨越时空限制、市场规模大等优势而风靡全球。

要了解中国的新零售，必须要了解中国电子商务的发展历程。

1994 年，中国开始率先接入互联网，而中国的电子商务发展则起步于 1999年。最早是以淘宝网为代表的 C2C 模式（customer to customer，C2C），其中包括了中国第一家电子商务 C2C 平台 "8848" 和随后的易趣网，淘宝网 2003 年成立，这些是中国互联网企业的电子商务模式的先驱者。1999 年，搜狐开辟新闻及内容频道，奠定了综合门户网站的雏形。新浪网、网易网、雅虎网、网景网、腾讯网等网站相继建立，开启了中国电子商务的门户时代。2000 年，美国的互联网泡沫破裂重创了美国经济，对于中国创投市场打击巨大，预示着互联网第一次泡沫危机的来临，电子商务企业如 "8848" 和易趣网都开始没落，传统的电子商务零售模式出现了萎缩。

2008 年是中国网上商店模式兴起的一年，即电子商务 B2C 模式（business to bustomer，B2C），如京东商城开始出现。由淘宝商城所倡导的 "双十一" 活动带动了 B2C 模式的快速发展，是 B2C 模式在中国发展的一个重大缩影。这一阶段，电子商务企业出现了盲目扩张和发展战略的不稳定。互联网经济发展到 2018 年，已经整整 24 年。从 2013 年开始，传统电子商务市场已经接近寡头垄断市场，但社会消费需求发生了重大变化，个性化的消费群体开始兴起，催生个性的服务定制，C2C 与 B2 都是中国传统行业借助互联网的发展进行的消费升级，但是个性化和碎片化所催生的 O2O（即 online to offline）模式，则是互联网经济对商业行

① 中华人民共和国国家统计局. 中华人民共和国 2017 年国民经济和社会发展统计公报［OL］. 百度网，2018 - 2 - 28.

为的真正改造。

移动支付的出现，促使了消费的无现金化，这是新零售的一个重要接口。C2C 的出现，契合了中国家庭最早的互联网思维和消费需求，而 B2C，则是这种需求和服务规范化的发展。在个性化消费的时代，O2O 成了 B2C 的一种特殊的延续，O2O 的商业模式契合现阶段消费升级的个性化需求，对衣食住行等传统消费领域进行了改造，尤其是团购的兴起，如饿了么、美团等。P2C 电子商务模式（production to customer，P2C）实现的是综合服务业的电子商务化，使消费者从简单的买卖行为中，找到服务消费者最完美的方式，如一些"生活服务平台"的电子商务模式，力图能够把老百姓日常生活当中的一切密切相关的服务信息，如房产、餐饮、交友、家政服务、票务、健康、医疗、保健等聚合在平台上。与传统的电子商务模式不一样的地方是，P2C 模式不仅仅是买卖的商业行为。阿里巴巴集团、腾讯集团所宣称的"新零售"时代，也正是这一思路的体现，其依托庞大的用户群体和互联网脉络，覆盖广大消费者生活的各个方面。2014 年，零售业上市企业红旗连锁与渤海商品交易所合作，意图打造国内最大的 P2C 产业电子商务平台。2009～2015 年是中国电子商务快速发展，呈现出以移动互联网、网络视频、网络社交、网络购物、从博客到微博、微信等为代表的纵深化普及应用。2017 年初，阿里巴巴集团收购大润发超市，重新开始布局新的零售时代，使新零售在技术和资本的双重作用下进行了商业模式的重塑。

目前，中国有 6.7 亿网民、413 万多家网站，互联网已经深度融入经济社会发展、融入人们的生活方式。电子商务正在迅速成为中国经济新的增长点，成为重要的社会经济形式和流通方式，在国民经济和社会发展中发挥着日益重要的作用。

三、新零售概念的提出

智能手机和 Wi - Fi 等得以普及应用，信息技术对生产和生活的影响日益增强。随着互联网基础设施的完善，金砖五国电子商务将快速成长。电子商务在促进贸易增长、产业转型升级、创造新的就业机会以及帮助发展中国家和中小企业融入全球价值链等方面发挥愈加重要的作用，为金砖国家经济和社会发展带来了重大的历史机遇，成为新时期金砖国家发展的新引擎。阿里巴巴研究院发布的《金砖国家电子商务发展报告》数据显示，2017 年，金砖五国网民数合计超过

14.5 亿人，占全球网民的 41.9%；网络购物用户数合计超过 8.4 亿人，占全球网购用户的 50.8%。金砖国家网民占比、网购用户占比，均高于金砖国家人口在全球中的占比 41.2%。

2017 年金砖五国网络零售交易额达到 11851 亿美元，占全球网络零售总额的 51.8%，比 2016 年上升 4.8 个百分点；金砖五国跨境网络零售交易额达到 1296 亿美元，占全球跨境网络零售总额的 24.5%，比 2016 年上升 1.5 个百分点。电子商务为金砖国家经济和社会发展带来了重大的历史机遇，成为金砖国家发展的新引擎。预计到 2022 年，金砖五国网络购物用户数将上升到 13.5 亿人，占全球网购用户的比例上升到 61%；网络零售总额将增加至 30061 亿美元，占全球网络零售总额的比例上升到 59%；跨境网络零售总额将增加到 5536 亿美元，占全球跨境网络零售总额的比例上升到 41%。

中国电子商务网络零售走过了近 20 年的发展历程，期间经历了一系列业态演变，对传统实体零售也造成了重大冲击。新零售的概念最早由中国企业在商业领域中提出来①。"新零售"引起了社会的关注，但主要仍反映在媒体报道上，学术的理论探讨成果不多见。有企业家认为纯电子商务在未来十年、二十年内必然被线上线下和物流结合在一起的新零售所取代。新零售这个概念的提出，是技术变迁和制度（契约变迁）自然演进的结果，也是对整个商业体系和商业业态的不断思考。

（一）　新零售的内涵与特征

新零售概念的提出是有争议，有学者认为，新零售就是"将零售数据化"，以消费者为中心把"线上 + 线下 + 物流"整合起来。有学者认为"新零售"是零售本质的回归，是购物、娱乐、社交多维一体需求的综合零售业态。"新零售"是以消费者为中心的零售本质的回归，其依托大数据开发应用，促进"线上 + 线下 + 物流"深度融合，更好地满足消费者购物、娱乐、社交等方面的综合需求。②"新零售"的核心是希望完成电子商务平台和实体零售店面在商业维度上的优化升级，推动线上与线下的一体化。随着人们进入数字时代，他们超越了传统关系中的物理边界。数字化正在重新定义人们如何使用他们的环境，重塑其新

---

① 2016 年 10 月，中国企业家阿里巴巴集团董事局主席马云在云栖大会上发言认为，纯电子商务时代很快会结束，提出了"新五通一平"，即新零售、新制造、新金融、新技术、新资源和公平竞争的创业环境，而所谓的"新零售"理念更多的是指"线上 + 线下 + 物流"深度融合。

② 王宝义."新零售"的本质、成因及实践动向 [J]. 中国流通经济，2017（7）：3 - 11.

的用途，挑战旧有交易方式。网络零售经历了 20 年的发展，超越了传统关系中的物理边界。随着信息技术及互联网技术的发展，中国零售业将面临数字化再造，融入数字经济的浪潮中。

阿里巴巴集团把 2017 年定义为"新零售"元年，并以此为界将传统零售与"新零售"区分开来。按照马云对"新零售"理念的定义，新零售是以消费者体验为中心的数据驱动的泛零售形态，是线下与线上零售将深度结合，再加现代物流，服务商利用大数据、云计算等创新技术，构成未来"新零售"的概念。网络零售业态演变趋势来看，行业的升级绕不开实体零售，"线上 + 线下 + 物流"深度融合，协同发展，更好地迎合消费升级趋势。新零售的发展受到信息技术、消费需求和竞争态势的影响，而这三方面需要"线上 + 线下 + 物流"的深度融合，"新零售"不等同于 O2O 模式。笔者认为，技术进步是推动零售业态变迁的主要动因，"新零售"从本质上讲，是意图改变一种家庭的消费方式，甚至是生活方式，从而改变了生产商的生产方式和商业模式，其内涵在于对社会资源进行重新优化配置，打破了传统零售的边界，重塑产业价值链，创造高效企业，引领消费升级，催生新的商业模式。

全球实体零售发展放缓，亟待寻找新的增长动力。互联网发展逐步释放经济与社会价值，推动全球化的进程。根据阿里巴巴集团的研究表明，新零售已经超越了以往任何一次零售变革，新零售将通过数据与商业逻辑的深度结合，真正实现消费方式逆向牵引生产变革。消费数据化、零售二重性和多元零售新业态是新零售具备的三大特征，这三个特征也代表了中国零售业发展的方向。

（二）新零售的逻辑与基础

中国消费者消费模式正在发生转变，建立在经济基础之上的消费结构逐渐与发达国家日接轨，高品质、高科技、个性化、小生活主义代表消费升级方向。而新零售是一种全渠道、全品类、全体验的新兴零售模式。"新零售"的"新"并非在概念上的创新，而是基于技术变迁的一种演化，以消费者和数据为中心的一种消费方式的转型，通过打通线上与线下融合的形式，获取全方位数据，提升零售效率和引导生产效率的改变。

"新零售"的底层逻辑是基于技术的变迁，而显性逻辑在于消费侧、商业侧与供给侧的改变，通过需要对人、货、场进行一系列重构来解决许多消费场景中的痛点。一是在消费侧创造极致的消费者体验，回归零售的本质，极致的消费者体验是所有零售业的逻辑基础。消费者在电子商务和移动互联网的市场培育下，整个消费场景变得非常碎片化。目的性的消费、实惠性的消费越来越少，而探索性、休闲性、场景化的消费越来越多。对于整个"新零售"的消费过程来讲，购物过程的体验、物流配送效率、个性化程度等方面的高要求和高期望值已经呈现，这也是消费端的痛点；二是在商业侧逻辑上的改变，创造极致的商业效率，借助新零售构筑底层商业逻辑。商业的核心是要创造和服务客户，商业流通有供应链、渠道等很多环节，传统的零售模型，流量构成是由租金带来的，租金就是流量费，许多消费者被移动互联网分流。正常的商业逻辑是消费者、企业和社会三方都能有收益。但电子商务平台的出现一度改变原有的商业逻辑。"新零售"的发展旨在改变这种商业逻辑，同样让商业回归其本质，而非走向趋同化的恶性竞争。三是对供给侧结构的疏导和重构，新零售涉是对产业链和价值链重构、要素重构的过程，推动供给侧结构性改革，构建了以需求为导向的生产模式。例如，无人超市的出现，无论这种模式现在是否成功，它既改变社会对商品销售的体验感，也改变着社会对就业的重新理解和定义，改变中国社会的创业方式和就业模式，可在劳动力供给配置上起到巨大的社会推动力。新零售的商业创新开启了全球资源，全球市场的资源配置雏形。

　　"新零售"是经济演化过程的产物，而不是概念上的创新，它必须具备三个基础，即技术基础、硬件基础与商业基础。"新零售"更是一场新技术革命，它是建立在信息技术基础之上，颠覆了传统的商业零售模式，未来的发展需要在大数据、云计算、移动互联网、智慧物流、互联网金融、平台化统一市场等技术上的突破性发展助推了消费模式的变迁。通信技术的发展极大地促进了移动互联网的发展，2G到4G的跨时代转变。如果说基于4G的无限宽带技术开启了"新零售"，5G①时代的"新零售"将迎来重大的基础设施升级。5G技术的应用场景主要体现在虚拟现实（VR）、无人驾驶和物联网。线上线下和物流必须结合在一起，才能诞生真正的"新零售"。

　　"新零售"发展得益于另一项基础设施，即快速、发达的交通基础设施所带来的便捷物流。5G技术等网络基础设施的完善和交通基础设施的建设是未来商业的重要硬件基础，它将推动"新零售"等新经济产业业态和结构快速地更迭。"新零售"另外一个重要基础则是具备广泛的商业基础，市场是需要培育的，"新零售"的核心在于两点。一是优化消费者体验；二是高效的商业效率，两者结合起来才是真正的新零售。中国的消费模式和水平正在转变，已经接近发达国

---

①　5G是第五代移动通信技术的简称，是在以往通信技术及集成和优化。

家，预计全球将跟从中国网络购物趋势，实现消费者数字化，这将"新零售"的快速发展将提供重要的消费基础。

四、技术变迁与"新零售"业态基础的演化

每一次这样的变革都对社会经济产生了深刻的影响，促进了社会和经济的巨大发展。技术变迁是"新零售"的底层逻辑，通过技术的变迁来实现了零售体系的生态变革。零售业从刚刚诞生时期的百货商场，到 20 世纪 30 年代的超级市场，再到 50 年代的便利店、品类专业专业店，一直到 90 年代电子商务崛起，都是伴随着技术引领生产的变革。在 2010 年代，伴随着大数据与人工智能的浪潮，由消费逆向引领生产的新零售营运而生。"新零售"的提出与大数据、云计算、移动互联网等技术的成熟密不可分。零售业态的变迁是一个国家和地区社会发展、经济增长和技术变革的必然产物。历史上每一次技术的重大变革，都会引发零售技术的创新，带来零售领域全范围的重大变革，进而推动着流通领域其他环节的变革。近代零售业的每次变革都能找到技术力量推动的影子。

第一次技术革命始于 18 世纪 70 ~ 80 年代，发生在英、法的"产业革命"，使工厂手工业开始向机器大生产转化，通过机械化使工厂制度取代了家庭手工业，生产力得到了提升，以城市为中心零售和批发贸易迅速扩大。

第二次技术革命迎来的是蒸汽机、轮船机床、铁路设备环球航运的发展，能源、交通与动力系统得到了快速的提升，社会分工进一步加强，商业领域得到了重要的技术支撑，规模和领域迅速扩张。

第三次技术革命以电机、电力和化工等重型工程的发展为标志，特别是信息和通信技术的发展，使得社会的经济结构和组织结构发生巨大变革。标准化的创建提高了产品和技术的普遍。

第四次技术革命从 20 世纪 30 ~ 40 年代通过全标准化的方法解决了批量生产规模的局限性问题，带来了福特式的大规模生产，规模化的生产使消费品价格进一步下降。交通和通信技术的发展，使产业地理位置和都市区域发展产生了新的格局，促进区域性商贸的进一步演化。

信息技术革命有发展，如计算机、互联网、移动技术等发展成熟，尤其是互联网技术在全球的普及，普及率已达 50%，释放出了巨大的经济与社会价值。大数据、云计算、人工智能和物联网为新零售的发展奠定技术基础。新古典学派

研究了技术进步与经济增长的关系，但只把技术进步作为一个外生变量。现实的发展中，我们看到技术变迁显著地改变了社会的生产函数，激活了存量资本。将技术变迁引人总量生产函数时，更倾向于将其设定为希克斯中性，即技术变化项保持要素边际替代率不变，将生产函数转化为：

$$Y = A(t)^\delta F(k, l, n) \tag{6-1}$$

乘数因子 $A(t)$ 代表技术变迁的累积效应，δ 是"新零售"对技术变迁所产生的累积因子。中国总量生产函数的最佳拟合形式是柯布—道格拉斯函数形式，技术变迁呈现出希克斯中性特征，即技术进步能够同时增加资本和劳动的边际产出，提高劳动生产率和资本使用效率。[1] 技术一直在为零售业的创新、发展提供着强有力的支持。技术发展经历了一个由简单到复杂、从低级到高级的发展过程，并在与社会经济的相互作用下经历了几次根本性的变革。科学技术发展迅速，零售业态也随之引发巨大变革。"新零售"的商业构建旨在改变 $A(t)$ 所代表技术变迁的累积因子，进行资源的优化和整合。C2B 是"长尾"需求驱动的商业模式，多品种、小批量、快翻新的个性化需求持续施压于制造体系的生产函数，促进产业基础的跃迁。这种倒逼机制通过组合资源而快速适应变化，提高供应链的可延展性和适应能力。[2]

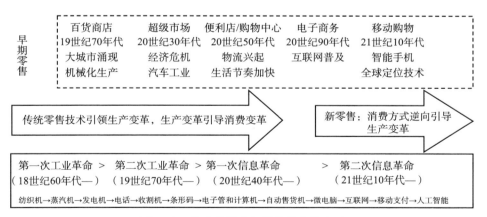

图 6 - 3 技术的进步与零售业态的变迁

资料来源：笔者整理。

① 郭玉清. 资本积累、技术变迁与总量生产函数——基于中国 1980 ~ 2005 年经验数据的分析 [J]. 南开经济研究，2006（3）：79 - 89.
② 赵振. "互联网 +"跨界经营：创造性破坏视角 [J]. 中国工业经济，2015（10）：146 - 160.

从图 6 - 3 中可以看出，技术进步对商业模式的影响是显著的，技术的变迁带动了生产方式和消费方式的转变。20 世纪以来科学技术的发展，带来了零售领域的技术革命。计算机技术的应用，将零售业带入一个信息化的时代。"新零售"的未来发展将进一步实现基于平行社会框架的分工协作，进一步实现生产关系的数据化以及比价成本、选择成本、维权成本等交易成本的零边际化，并始终遵循生产关系适应生产力的基本框架。① 在人工智能井喷式的发展和物联网基础设施的初具规模的背景下，新零售通过数据与商业逻辑的深度结合，真正改变了传统营销模式，实现消费逆向引导生产的新模式。"互联网＋"的本质是传统产业的在线化、数据化。

五、"新零售"对消费函数的改变

消费作为有效需求的核心，至今仍被认为是拉动经济增长最重要的。凯恩斯的绝对收入理论提出以来，消费函数在宏观经济中便占据了重要地位。消费和储蓄是经济繁荣、资本积累和财富形成的核心变量，因而消费函数理论对指导政府宏观经济调控具有重要意义。②

经典的消费理论起源于西方国家。消费理论的相对收入假说将"过去收入"引入消费函数，J. S. 杜森贝里（J. S. Duesenberry，1949）认为消费上仍"黏性"，消费习惯一旦形成则很难改变。"新零售"渗透在居民生活的衣食住行，正在改变着人类的生产和生活方式，具有十分广阔的市场规模。"新零售"的商业模式正企图去不断改变不同的消费场景来增强这种消费"黏性"，降低边际消费倾向递减对消费升级的影响。如果从消费者心理角度出发，真正影响消费决策的可能不是真实的收入波动，而是消费者的心理预期。这可以追溯到杜森贝里的"示范效应"和"比较消费效用"的提出，按这个理论其实消费层次或消费场景对消费决策会产生重要的影响，因为周围人的消费所包含的环境信息可以为消费者决策提供支持，形成消费预期。很多的经验研究发现消费者的短期内偏好远大于长期偏好，并且表现出时间上的不一致性。数消费函数研究建立在对代表性消

① 鄢章华，刘蕾."新零售"的概念、研究框架与发展趋势［J］. 中国流通经济，2017，31（10）：12 - 19.

② 朱信凯，骆晨. 消费函数的理论逻辑与中国化：一个文献综述［J］. 经济研究，2011，46（01）：140 - 153.

费者假设之上，而事实上"消费不平等"现象普遍存在，这导致了大量个性化消费的出现。显然，这一现象显著背离了完全市场假设。贫富差距逐渐扩大加剧了消费不平等的动态变化，相对消费层次会产生剧烈波动，这一点对"新零售"消费场景的应用是不利的。

传统零售企业主要采取"购销差价"为主要利润来源的模式，现在零售企业主要采取"降低流通费用和增加其他收入"为利润来源的模式。[①] 传统零售企业的利润将主要来自商品和服务的增值，仍受传统的消费函数所主导，而"新零售"不再是利用信息不对称所产生的信息差利润，它是嫁接在信息技术革命的基础之上，信息技术和互联技术本身就是要消除信息的不对称，所以由信息不对称所产生的信息利润差必然会随着"新零售"的发展而消亡。从消费理论来讲，消费是收入的函数，消费的升级最终取决于收入的提升和收入结构的变化。财富存量成为消费者面临的绝对约束，消费相对于生命周期理论的安排必然是滞后的。居民消费行为受到流动性约束以及存在预防性动机已经得到了证明。流动性约束与预防性储蓄往往是相互加强，在一定程度上会弱化了居民的消费倾向。

中国传统零售业在发展中以租金换利润的方式难以持续，借助新技术和新资源降低成本，尽可能为消费者提供满足个体需求和用户体验的差异化商品及服务，才是零售发展的方向。阿里的研究报告认为，新零售是以消费者为中心，在人、商品与服务、供应链等各个环节数字化的基础上，通过数据流动串联各个消费场景，将重构"人、货、场"这三个要素，从过去的"货—场—人"进化到"人—货—场"。今天的流量是什么？流量是带着需求的消费者。怎么样获取这些流量？就需要我们在供给侧发生变化，才能获得持续的流量和复购。不改变供给侧，没法获得持续优质的流量。在整个实体商业中有大量的环节可以优化，供给侧是优化的重点。"供给"绝对不是货品本身，而是消费者希望得到的完整的服务体验。"新零售"真正体现了消费者主权时代的到来。截至 2018 年 6 月，中国网民规模已经达到 8.02 亿人，普及率为 57.7%；2018 年上半年新增网民 2968万人，较 2017 年末增长 3.8%。[②] 这显示了中国互联网发展的人口规模基数是惊人的。

通过回顾中国零售业态变迁的轨迹，不难发现，中国零售业态的发展与变迁

---

① 李飞，胡赛全，詹正茂. 零售通道费形成机理——基于中国市场情境的多业态、多案例研究［J］. 中国工业经济，2013（3）：124 – 136.

② 数据来源：第 42 次中国互联网络发展状况统计报告。

并不完全遵循世界零售业态变化的一般规律，而是具有较强的中国特色和复杂性。① 中国的人口结构经过近几年的发展，产生的很大的变化。80 后、90 后接受过高等教育、追求自我提升，新中产阶级逐渐成为社会的中流砥柱。2016 年末中国内地总人口 138271 万人（如表 6 - 1），比上年末增加 809 万人，其中城镇常住人口 79298 万人，占总人口比重（常住人口城镇化率）为 57.35%。从表 6 - 1 来看，中国已经进入老龄化趋势，老年人口规模则以较高的速度逐年保持增长，劳动力人口拐点的到来使得红利将逐渐衰退。生命周期假说认为，理性的消费者会根据其一生的收入合理安排自身的储蓄与消费。人口年龄结构的转变必将影响到不同个体的消费行为，不同的人口年龄结构分别代表着特定的消费特征。在未来，消费者会越来越注重自己的品味、偏好、情感而选择合适的品牌或商品。

表 6 - 1　　　　　　　　　2016 年末中国内地人口数及其构成

指标	年末数（万人）	比重（%）
中国内地总人口	138271	100
其中：城镇	79298	57.35
乡村	58973	42.65
其中：男性	70815	51.2
女性	67456	48.8
其中：0～15 岁（含不满 16 周岁）	24438	17.7
16～59 岁（含不满 60 周岁）	90747	65.6
60 周岁及以上	23086	16.7
其中：65 周岁及以上	15003	10.8

资料来源：笔者整理。

六、"新零售"对区域商贸结构的深化

随着全球经济一体化，零售业在中国宏观经济中的地位和作用越来越受到关注，零售业对拉动经济的发展和地区就业等做出了重大的贡献。中国零售业对外全面开放，外资便基本上控制了中国一线城市的零售业，随后二三线城市的零售

---

① 张弘. 技术创新与中国流通产业发展 [M]. 北京：首都经济贸易大学出版社，2006：25.

业市场也被激活。在这一过程中，为了提高区域竞争力，大量零售企业形成聚集。外资打开了中国零售业的大门，这对中国零售业造成了很大的冲击。由于入世前中国的零售业经营模式还非常落后，规模也很小，以致单个门店的覆盖区域很小，这造成了大量的小企业聚集。

区位理论是关于人类活动的空间分布及其空间中的相互关系的学说，我们认为投资者总是力图选择地租和累计运输成本总和最小的地方进行投资。新古典经济学家阿尔弗雷德·马歇尔（Alfred Marshall）及 A. 韦伯（A. Weber）为代表提出了传统区位理论体系，包括了劳动力市场、中间产品和技术外溢，新古典区位理论奠定了以产业集聚作为切入点的分析方法。现代区位理论重点描述产业集聚现象，指出"规模经济"是其最大的竞争力来源，而这种"规模经济"不仅仅体现在生产环节，同样也体现在流通的商业环节。其空间组织通过网络空间建立起供需双方跨时空联系和对传统购物流程重组实现，并以信息流和物流的大范围流动替代原来的人流与资金流，进而将供需空间范围从日常行为空间拓展到了全国乃至全球。

"新零售"地理空间与网络空间共同作用的结果。"新零售"的前提是互联网作为一种基础设施的广泛安装，经济、社会活动的正常运作有赖于基础设施发挥其支撑功能。国家或区域的基础设施安装程度就取决于商贸的资本回报率，基础设施的不同就会有差异。英国演化经济学家卡萝塔·佩蕾丝（Carlota Perez）认为，每一次大的技术革命都形成了与其相适应的技术—经济范式。在新经济地理理论中，运输成本通过改变经济集聚的向心力和离心力来影响经济活动在空间的分布。在物质缺乏的时代，"货"被放在第一位，因为货少，需求大于供给，自然任何产品都会很快卖出；到传统零售时代，物质有一定的累积，"场"就成了核心要素，发现并占据货场的黄金位置，才能在众多品牌中占据有利的位置；直到进入互联网时代，"人"的地位才慢慢有所提升，而新零售时代的到来，以"人"为本，才得到落实。"新零售"的作用是将最大程度地提升全社会流通零售业运转效率。"新零售"的核心在于消费，而消费的主体是人，人是消费的逻辑。随着居民生活水平的提高和网民规模的增大，电子商务逐渐拥有更大的拉动内需的坚实基础。区域经济发展总体战略和新规划的实施打破了自改革开放以来中国区域经济增长不平衡的空间格局，中国区域经济发展可能已经进入了相对均衡的发展时期。

产业集群是工业化过程中的普遍现象，在所有发达的经济体中，都可以明显地看到各种产业集群。传统零售业非常重视选址，在对区域信息化水平测度的基础上，研究结果显示，中国大部分省区信息产业与区域经济增长呈现出不同程度的正相关性。传统零售业态往往开设在人口稠密的住宅区或客流密集的商业中心区，依靠庞大流量实现薄利多销的盈利模式。线上电子商务的蓬勃发展已经把线下零售业态的流量带走了一部分。就目前而言，从两大电子商务平台，天猫商城和京东商城的获客成本可以看出，电子商务的线上流量红利也开始见顶。传统的零售业的流量模型依然是基于租金的和基于地理位置"坐商"的获客模式，区位起个关键性作用。"新零售"是要摆脱这种地理位置的约束，基于地域和营业时间的传统商业逻辑被打破。整个客户获取、留存、经营是在全域、全渠道进行的，获得消费者的途径是全渠道的，给予消费者体验的途径也是全渠道的，这些获取会形成消费者资产而产生沉淀。

人类社会的各项活动与信息（数据）的创造、传输和使用直接相关。"新零售"的发展对区域经济发展的推动作用十分明显，其显著的推动效果就是促进了区域销售经济的增长，使得一个区域内的商品交易变得简便而快捷，降低了商品交易的成本，拓展了其产业链或形成产业集聚现象，使得区域经济充满了活力。同时，要求地方的基础设施建设，优化和完善网络设施，加强互联网网络建设，形成区域内的资源共享。这样，"新零售"才能本地区经济产生影响，对区域的人、货、场进行一系列重构，使任何一个消费场景都变得可识别、可触达和可分析。信息基础设施建设和能力提升，加速了信息（数据）要素在各产业部门中的渗透，直接促进了产品生产、交易成本的显著降低，从而深刻影响着经济的形态。

"新零售"在经历过质疑、徘徊到现在的全面加持，"新零售"已经成为新的发展风口。从传统零售到"新零售"，"人货场"是零售中永恒的概念。只是在不同的市场时期，人货场的主导位置不同，从以货为主的货场人，研发产品，通过渠道，找到购买的人。到新零售以人为核心的人货场，通过大数据分析，得到每个人的准确爱好，量身打造专属服务。不断地重构零售的三要素，是为了更符合市场变革的需求。零售行业未来的大趋势一定是以人为本，利用互联网和大数据，跟踪分析顾客的需求，在最短的时间里提供消费者最满意的服务。全面构建以消费者为中心，以实体门店、电子商务、移动互联网为核心平台，通过融合线上线下，实现商品、会员、交易、营销等数据的共融互通的闭环，向消费者提供跨渠道、无缝化的体验。信息基础设施建设和能力提升，加速了"新零售"数据要素在区域内各产业部门中的渗透，直接促进了区域内产品生产、交易成本的显著降低，从而深刻影响着区域的经济的形态。信息技术革命为当地的分工协同提供了必要、廉价、高效的信息工具，也改变了消费者的信息能力，其角色、行为和力量正在发生根本变化。

持续的改革开放使得中国的经济结构出现了显著变化，其出现的区域性经济失衡阻碍当地经济的发展。当线下各省市、区域分割严重的局面无法短时间改变的时候，互联网通过其"距离无关"的天然属性，将全国不同区域间巨大的制度与政策落差瞬间抹平，形成了事实上的全国统一大市场。西部的人均收入是东部的一半，人均批发零售营业面积只有东部的1/3左右，中西部地区商业设施的严重欠缺极大地制约了居民消费需求的释放。"新零售"是从新的商业基础设施、交易结构和商业模式等全面提升交易效率，推动了中国流通业整体转型。如交易技术从有形市场、现金支付、柜面支付转向无形市场、网络支付和移动支付，移动支付的便利性正缩小偏远地区和世界的距离，改变着区域结构失衡所产生的被动。新零售企业推出了具有数字内容的多元化购物场景。在此基础上，新零售的业态总体保持稳定发展，在协调供给侧结构性改革，在拉动就业，助力乡村振兴等方面发挥重要作用。

传统外贸交易模式下，因受制于信息不发达，支付和物流条件不足的限制，出口商品需要通过层层供应链才能最终到达消费者手上，使得区域间的贸易被阻隔，制造商的利润被多重中间商所稀释。由"新零售"主导的跨境电子商务模式，传统的国际贸易供应链更加扁平化，传统贸易中一些重要的中间环节被弱化甚至替代。"新零售"的"新"主要体现在新业态和新技术，重新构建人、货、场之间的关系。"新零售"模式成为当前商业发展的一个趋势，其融合了多种业态和产业。大型寡头企业间的市场争夺战，将让新零售业态更加丰富，对区域有产业布局产生重要的影响，也响应了国家提出的消费升级和供给侧改革的要求。同时，"新零售"的诸多商业业态也整合区域全产业链资源，进而重塑地区业态结构与生态圈，对线上服务、线下体验以及现代物流进行深度融合。

第七章 基于电子商务模式下"欠发达"地区区域经济发展影响的研究

——以粤西地区为例

何为民 张 力

一、引 言

20 世纪 60 年代末，美国发明了互联网（internet）这种现代通信技术手段，代表着信息时代通信技术革命的来临。但他们或许没有想到，由于这种革命性技术的发明，使得传统的商业模式也随之发生了巨大的变化！更使世界经济的发展模式发生了巨变！人们通过互联网对商业模式、服务模式以及营销模式进行了革新，这也是电子商务①（electronic commerce）发展的新时代。电子商务是人们通过互联网进行商品交易以及服务，更是以这种方式进行信息互换的商业经济模式②。

众所周知，中国的电子商务市场已经发展到了一个较为成熟的阶段，而且这种商业模式已经不能称之为"新"了。我们也看到在中国一些偏远地区，只要有道路的地方，就能看到物流公司的货运车。随着这种商业模式的普及，不仅仅是相关基础设施建设被提到意识日程上，人才培养也成为一个急需解决的重要问题。为此，一些大、中专院校为了培养相关的专业人才，也开始在本校设立相关专业，也收到较好的效果。

---

① 一般所指的电子商务，实际上包括通过 PC 以及互联网进行商业运营的方式。但实际上电子商务还包括以利用移动互联网方式进行的商品购入和服务的商业模式。而这种方式又称为移动互联网下的电子商务模式。

② 请参照刘业政，何建民. 电子商务概论 [M]. 北京：高等教育出版社，2016（9）. 相关概念。

　　互联网的发展常常使得原有的发展模式无法比拟。过去人类社会在技术更新过程中经历较为漫长的时期，而当今世界的则可称其为日新月异。因此腾讯传媒首席战略官段永朝曾指出"互联网 7 年等于一个世纪"①，也从一个侧面反映出互联网时代快速变化的特点。在中国电子商务的发展已经非常普及，由于 1999 年阿里巴巴集团公司的面世，以及后来该公司在中国电子商务中的市场占有率，大大地提高了电子商务在中国的普及程度，特别是"支付宝"的出现，对于互联网状态下社会信任问题尚未得到有效解决，这一方式成为中国电子商务发展最重要的信用体制下的支撑。

　　特别是近些年，中国手机市场不断扩大，普及率也有很大提高，更多的人比起用互联网的台式电脑或者笔记本电脑来进行消费方式，更向移动互联网方向转换，电子商务环境也获得非常大的改善。截至 2018 年 9 月，中国移动终端利用人数达到 16.1 亿人次，移动互联网的使用更加方便，手机用户已达 14.2 亿人次，其中，16 个省（区、市）业已超过 100 台/百人手机的程度②。

　　电子商务的发展，在当今中国社会已经有很多可能性不断出现，特别是对经济发展欠发达地区提供了新的发展模型和机遇。因此，作为欠发达地区而言，如何利用政府在交通设施建设不断延伸到这些地区的优势，加大发展物流产业园建设，为电子商务提供一切方便，则是解决区域发展不平衡的一个重要手段，也是目前来看唯一手段。区域发展理论中，强调的产业集聚形成的高度工业化，带来的区域经济的发展是主要趋势。然而就中国目前发展状况而言，这种新的产业集聚和产业升级所带来的工业化高度发展机遇，已经很难成再次成为一个新的增长极现象。同时，相对于广东省粤西地区而言，珠江三角洲地区的发展已经在这一地区形成了较为成熟的城市群发展模式，相对于较近的粤西地区而言，通过产业转移方式以及重工业导入来提高产业集聚效应，则更加困难。因此，通过电子商务这种商业模式，倒逼本地区中小型加工企业产业升级，在现有工业的基础上实现产业结构的改变则成为今后该地区经济发展的重要方向。

　　电子商务相关研究目前也已非常成熟，而且成果非常丰富，因此本章在以下内容当中进行简要分析。在此想强调一点的是，就现有成果来看电子商务与区域

---

① ［美］克里斯·爱德森. 免费［M］. 北京：中信出版集团，2015.
② 参见中国工业和信息化部《2017 年通信业统计公报》及相关统计数据，2018 年 10 月 20 日阅览 http://www.miit.gov.cn/n1146290/n1146402/n1146455/c6048084/content.html 2018.

经济发展相关研究，在题目上出现过，但内容上却没有实际的关联性①。本章将对粤西地区经济状况进行分析的基础上，对该地区现有的物流状况、人们的消费能力等方面进行粗浅的分析，试图利用电子商务营销模式的一些案例观察，对该地区经济发展模式进行试论证。

二、电子商务研究成果的简要综述

中国目前在电子商务方面的研究成果非常多，而且学术论文、博士、硕士论文的数量很大。因此，对所有研究论文进行阅读基础上分析的话，将成为一项非常庞大的工程，在短期内也几乎无法完成。中国最大的论文检索网站——中国知网（CNKI）中，从1979年至今几乎所有公开发行的杂志都可以检索到。笔者利用关键词"电子商务"进行了检索，时间限定在1998年以后。众所周知，中国电子商务真正意义上的发展是在1994年。国务院批准成立了中国经济信息化联席协会，协调建设"金桥、金卡、金关"工程②。而真正意义上电子商务的展开，是在以阿里巴巴集团公司为代表的民营企业的进入1999年之后的事。所以相关研究也就设定在1998年以后为主。在中国知网以"电子商务"关键词进行检索时，截至2018年9月的成果中有148355篇学术论文以及学位论文。

如图7-1所示，电子商务相关研究1997开始得到学术界的重视，1998年共发表论文942篇，1999年阿里巴巴集团公司成立之后，该类论文数量已达到2337篇。2000年有所减少，这期间也被称为"互联网泡沫"时期。2001年则减少到573篇，但进入2002年则猛增到50007篇。另外，由于2007年智能手机的普及，电子商务时代也从以PC为主的互联网时代转入到移动互联网时代，这一特点也决定了电子商务在农村的普及。在这一背景下，国内的研究人员对电子商务的研究更加热心，论文数量也增加到6432篇。在这种研究成果不断增加的同时，电子商务相关的大学教育也在增加相关专业建设，一些传统运营模式的企业也开始向电子商务运营方式上转变。2014年，阿里巴巴集团公司在纽约股市交易所上市后，学界对电子商务的研究迅速增加。2015年就增加到13541篇。与此同时，很多电子商务企业的兴起引发实体店的倒闭以及经营

---

① 可在中国知网发表论文中发现上述问题。

② 刘业政. 电子商务概论［M］. 北京：高等教育出版社，2016.

困难,很多商业街也出现了"空城"现象。因此,相对于之前对新生事物优势研究为主的内容,逐渐出现了对互联网电子商务的反思,因此相关研究也开始出现。

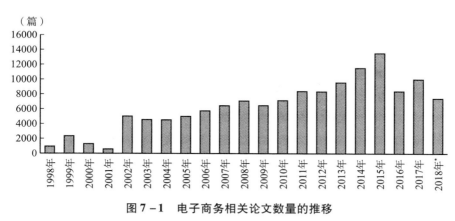

图 7 - 1 电子商务相关论文数量的推移

注: ＊2018 年为 1 ~ 9 月数据。
资料来源:笔者整理。

在电子商务的一级主题下,仍然细分化成各国次级主题。正如图 7 - 1 所示,电子商务与贸易内容的为最多,23683 篇,其次为企业管理的 17888 篇。电子商务发展内容的为 5538 篇、中国电子商务领域的为 5425 篇。正如上文所述,由于电子商务主题的研究成果丰富,如果将其全部阅读并撰写出相关成果综述则是一个庞大的工程,短期内物理性手段也几乎不可能。因此,笔者通过国内现行对相关成果影响因子(impact factor,IF)为标准的南京大学《中文社会科学引用文索引》(CSSCI)刊物目录,共有 75 种经济类刊物。这也是在学术界普遍认为具有权威性的文献目录。对其目录刊物进行检索后得出影响因子较大的期刊论文2198 篇。而始终占据目录首位的是《经济研究》。我们看到该刊物刊登有关电子商务内容的论文只有 4 篇,而相关主题中录入最多论文的刊物是《改革》期刊为688 篇,其次是《商业研究》505 篇。其他刊物则最多一到两位数的论文数量,总体分布较为平均。

图 7 - 2 为电商商务相关研究成果在各个领域所占的比重。在 2000 年左右,这些论文的主题是研究电子商务是什么,同时也有对这个新型商业模式进行的研究。之后在电子商务模式不断扩大和普及的过程中,有关电子商务研究内容也更加广泛,也深入到各国领域。例如电子商务平台相关的价格变化的计量研究、传

统市场与电子商务的比较性研究、柠檬问题为主的电子商务市场次品多发的研究、互联网背景下传统产业向 O2O 转换的研究、电子商务市场定价、电子商务产业的税收问题、跨境电子商务对国际贸易的影响、传统产业与电子商务关系等方面的研究①。

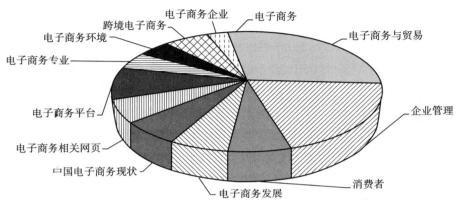

图 7 - 2　电子商务视野下各个领域论文数量占比

资料来源：笔者整理。

　　但是，电子商务的普及对传统市场的冲击，正如上文所述，对传统商业模式造成很大冲击。在中国电子商务这种商业模式是否应当广泛应用，受到各方面的质疑。但这种质疑也主要来自一些微小商业企业，对总体电子商务发展并未产生多大影响。因而相对应的研究数量较少。

　　本章主要问题意识是以电子商务对区域经济影响以及程度进行论证的，但通过以上文献检索以及查阅的结果，就目前来讲电子商务如何对区域经济发展产生影响的论文成果较少。个别论文虽然题目有区域经济的关键词，但在论文当中却没有涉及。因此本章将以粤西地区为主要研究对象，同时针对粤西地区经济现状、电子商务企业发展状况进行分析的基础上，对于经济欠发达地区如何利用电子商务这种商业模式，带动经济发展为主线进行分析论证。

---

　　① 以上总结的观点，主要参照 2011 年第 11 期《数量经济技术经济研究》上刊登的《电子商务：发展与对策》论文，以及孙濮阳、张靖佳刊登在 2017 年第 7 期《经济研究》上的论文《电子商务、搜寻成本与消费额变化》、陈文林刊登在 2009 年第 8 期《财政研究》上的论文《1999 ~ 2008 中国电子商务定价研究发展趋势分沂》等论文。由于数量较多，在此不一一赘述。

三、粤西地区经济状况概述和电子商务发展的基础状况

(一) 粤西地区经济状况

粤西地区地处广东省,是以雷州半岛为最西端的湛江市以及向珠江三角洲地区延伸过程中包括茂名市、阳江市为中心的地区。海岸线约为 2700 公里,可以说由于地处沿海城市,具备了经济发展的地理要素。阳江市距离广州市约 220 公里、而最西端的湛江市则 418 公里,根据中国地理经济理论研究成果,我们知道从经济动力源的中心城市为半径向周边辐射的话,真正能够带动周边地区的距离为 200 公里。也就是说,珠江三角洲地区经济增长对粤西地区的带动作用已经处在一个非常微弱的状态中[①]。同时,粤西地区由于生产要素禀赋分布不均衡,产业集聚中高新产业及附加值高的产业在该地区的入驻非常少。因此,粤西地区虽地处广东省,但其经济状况仍属欠发达地区,整体状况较为落后。

2017 年的 GDP 我们看到,湛江市是 2824.03 亿元,茂名市为 2924.21 亿元,阳江市为 1408.64 亿元。而三次产业之比湛江市为 18.6:38.8:42.6,茂名市为 15.6:40.3:44.1,阳江市为 16.5:41.7:41.8。三城市第一产业比率都有较高的现象,说明这些地区工业集聚尚未完成,仍处在工业化初级阶段。同时我们看到,湛江市常住人口为 730.5 万人,城市人口为 307.5 万人,城市化率为 42.9%,茂名市为 620.41 万人,城市化率为 41.9%,阳江市人口为 254.29 万人,城市化率为 51.82%。从这些数据我们了解到,这三个城市的城市人口与农业人口几乎相当,而从事农业人口比例较大,在城市化率的情况下,该地区经济发展的重要动力较为欠缺。同时从 GDP 贡献率来看,湛江市第一产业对 GDP 贡献率为 11.9%,茂名市为 9.3%,阳江市为 10.3%[②]。我们知道,第一产业收入弹性较低,而从事第一产业人口较多的现象,说明该地在对消费贡献效果较小。另外,珠江三角洲地区的人均 GDP 为 12.48 万元,而粤西地区却为 45836 元[③]

[①] 参照张浩然、衣保中地理距离与城市间溢出效应——基于空间面板模型的经验研究 [J]. 当代经济科学,2011 (3). 刊登的论文相关内容。

[②] 这里所列的数据是指各市劳动人口的比率,但由于统计上的原因,不能说明完全正确。

[③] 粤西地区因为没有政府统一的官方数据,因此这里所说的人均 GDP 是利用官方数据进行加总后,再利用 Excel 函数的算术平均数得出的结果,没有进行人口权重计算。所以数据有一定的误差。

元，珠江三角洲地区比粤西地区高出 2.7 倍，同在广东省却有着较大的差距①。

从粤西地区经济特点来看，湛江市以水产品加工业为传统产业。2017 年湛江市水产品出口额为 41.63 亿元，占总出口额的 21%，所占比例不容小觑。但是近年也存在产业升级的压力。同时，随着一些大型钢铁厂的入驻，周边地区海洋污染问题也逐渐开始显现。首先，湛江水产业如何发展，水产品加工产业附加价值的提高，成为产业升级要认真思考的重要问题。其次，湛江市小家电加工、拖鞋加工以及羽绒和食品加工企业较多，而且作为抵挡电器和拖鞋加工品，在国内外也占有较大份额。这也是湛江市产业的一大特点，由于附加价值较低，对经济的拉动作用较为有限。而茂名市由于有大型石油化工企业的入驻，作为主导产一边对当地经济起到了较好的拉动作用，同时海洋污染问题也不断被人们所提起。阳江市则是五金加工的重要地区。重工业较少，而厨房用具类的五金刀具较多，被称为"中国刀剪之都"。其中"十八子"剪刀在国内市场成为较好的品牌，形成了一定的品牌效应，也出口至美国、日本。甚至去该地旅游客人也会特意到阳江购买剪刀等五金刀具。

从以上三城市的基础工业特点我们看到与珠江三角洲地区有着明显的差距，作为区域经济发展的动力源，几乎都来自低端产业链。因此正如图 7-3 所示，湛江市与茂名市的经济规模相对大一些，而阳江几乎只占其他两市的一半。

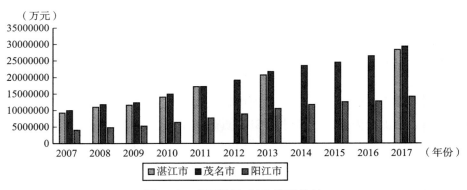

图 7-3 粤西地区 GDP 发展状况

资料来源：笔者整理。

---

① 以上数据均引自湛江市、茂名市、阳江市统计局发布的统计年鉴和统计公报。

（二）电子商务发展的基础状况

根据图7－4所示，湛江市常住人口在2007年为688.48万人，经过10年后的2017年则为730.5万人，增加42万人。茂名市2007年则是597.88万人，2017年增加到620.41万人，10年间增加了22.53万人，阳江市则是由2007年的235.93万人增加到2017年的254.29万人，增加18.36万人。这也印证了人口移动是更趋向于向北纬20°~23°之间聚集，当然这主要指非自然人口增长，而人口是保证市场活力的主要因素①。

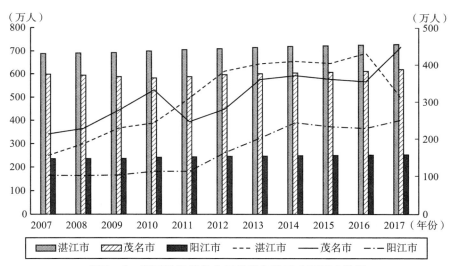

图7－4　粤西地区常住人口总数与移动电话用户数量
资料来源：笔者整理。

如表7－1所示，湛江市在10年间货物运送总量增加了2倍，茂名市增加了约1.7倍，而阳江市则是增加了5.2倍。2008年，由于美国次贷危机影响，形成世界性的金融危机，导致国外市场对中国加工出口货物的减少，湛江市减少了37.2%，茂名市减少了22%。所以我们看到这一年数据有急剧减少的现象。之后则很快恢复。另外，货运周转量2007~2017年湛江市增加了3.6倍，茂名市增加了2.7倍。阳江市增加更快，为13.6倍。这些数据普遍增加的现象表明，由于交通基础设施建设发展较快，物流技术水平不断提高，电子商务运营模式的普及为最重要因。

① 相关理论请参照龙昱. 城市地理分析 ［M］. 北京：中国地质大学出版社，2012.

表 7 –1　　　　　　　　　　　　粤西地区货物运送量推移

年度	湛江市		茂名市		阳江市	
	货物运输总量（万吨）	货运周转量（万吨公里）	货物运输总量（万吨）	货运周转量（万吨公里）	货物运输总量（万吨）	货运周转量（万吨公里）
2007	10418	1462893	9285	1351060	2049	125106
2008	8845	1884787	6622	953119	2359	147968
2009	9211	2007118	7092	1069399	1538	292705
2010	11070	2543976	7931	1213218	1904	409107
2011	13403	3755471	8868	1476400	3191	662282
2012	14130	3729506	9806	1690071	4453. 18	971470
2013	17071	3874604	10121	1908052	8020. 1	1445010
2014	18690	4691172	11696	2187077	11028. 72	1882484. 8
2015	20864	4873742	12807	2399151	10748. 03	1877976. 41
2016	20096	5266920	14597	3647706	10692	1707420. 2

资料来源：笔者整理。

2007 年，由于一些低价格高性能的智能手机的出现并开始普及，许多欠发达地区移动互联网的普及也开始变得更加容易。因而出现了快速发展的态势。从单纯的平均法计算的话，湛江市现已达到每 3 人就有 2 部智能手机[1]。而茂名市为 3 人 2.5 部智能手机[2]，阳江市则是一人一部智能手机。从这些硬件设施我们可以看到，粤西地区电子商务市场基础也已形成。

另从 2017 年数据可以看到，湛江市已贯通道路 22251 公里，其中高速公路 291 公里。阳江市已贯通道路 10467 公里，高速公路 321 公里。并且根据目前道路交通设施建设规划我们知道，今后数年高铁、高速公路的建设会不断增加。这对于电子商务产业来说，物流所需交通基础设施建设不断提高，则成为电子商务发展的重要基础。

中国现阶段有较多企业从事进出口贸易。现阶段具体多少进出口是通过跨境电子商务这一途径开展的，国家层面的数据基本可以了解，但省级乃至地市级这

---

① 2017 年的数据是由于移动网络由 3G 向 4G 网络更新，因此手机数量看似减少了，但这也是智能手机换代所带来的数字上的减少。

② 茂名市智能手机数量在 2011 年之前是以智能手机使用的有效户数，而 2011 年之后则是实名下的有效户数。

个层面则很难区分开来。因此对外贸易中跨境电子商务的重要作用很难用具体数字进行量化后进行论证。这也是本章的一大缺憾。2017 年《南方日报》在其官方网站报道了湛江市成立了通过互联网开展国际电子商务贸易的公共平台，这对于湛江市从事跨境电子商务的企业来说，则是一个较好的进出口电子商务平台，也会在一定程度上提高进出口数量①。

众所周知，电子商务发展如果没有一定的条件是根本无法展开的。首先，要有政府政策的支持。就目前中国而言，政府对电子商务政策支持力度较大。在政府支持的这种政策偏好效用作用下，经济欠发达地区利用电子商务这种商业模式，对当地经济发展有着非常广阔的前景。粤西地区三市政府商务局相关工作能够看到，政府对当地电子商务发展较为重视。也希望通过电子商务这一商业模式改变目前经济发展的现状。湛江市、茂名市以及阳江市在政府主导下成立了电子商务协会和跨境电子商务协会，而会员则以从事国内电子商务以及跨境电子商务为主的企业。同时政府还设立了电子商务、跨境电子商务孵化器，通过上述活动的展开希望能够扩大电子商务发展的规模。

其次，要有完善的物流设施。正如前面所述的内容一样，粤西地区在物流现代化中依赖的重要基础设施交通已经得到较大改善，并且条件改善仍在继续当中。2018 年 7 月，国家发展改革委员会批准了湛江港 30 万吨码头建设项目，投资 38.66 亿元进行建设②。通过这些基础设施建设的不断完善，湛江市又被广东省确立为"省域副中心城市"。在对外贸易方面变得更加方便，作为中国一带一路倡议支点城市、西南地区主要的出海口，其重要地位更加显现。在此基础上，粤西地区跨境电子商务发展也会迎来一个发展的重要时期。

最后，作为电子商务重要的支撑就是人们消费能力大小的重要问题。如图 7-5 所示，湛江市 2007 年社会消费品零售总额为 385.31 亿元，2017 年则增加到 1578.08 亿元，约增加 4 倍。茂名市由 2007 年的 408.81 亿元增加到 2017 年的 1457 亿元，约增加 3.6 倍。阳江市由 222.76 亿元增加到 689.9 亿元，约增加 3.1 倍。这说明粤西地区消费能力在较短的时间内得到较大增长。另外，中国一些大型电子商务企业如阿里巴巴集团公司、京东集团公司等企业为了支援欠发达地区经济发展，在湛江市设立京东湛江馆、廉江馆、吴川馆、淘宝遂溪馆，苏宁

---

① 参见刘稳. 湛江跨境电子商务业务试点启动［OL］. 南方日报，http：//static. nfapp. southcn. com/content/201709/12/c670919. html，2018-3.

② 湛江市商务局网站. 获国家批准湛江港 30 万吨级航道还要"长大"——项目计划总投资 38.66 亿元［OL］. http：//www. zjboc. gov. cn/fileserver/NewsHtml/828fbfcf-379a-444c-b5f0-2f766180234f. html，2018-9-27.

易购湛江馆①。茂名市则在农产品收购季节里，政府通过与大型电子商务企业联合，对荔枝等水果开展网络销售活动。这些活动是政府希望通过直接或间接参与市场活动，希望能够对当地经济发展起到一定促进作用。对此，笔者对粤西地区部分企业进行了走访调查，在此基础上对有关案例进行一般性陈述的基础上，对经济欠发达地区发展模式进行探讨。

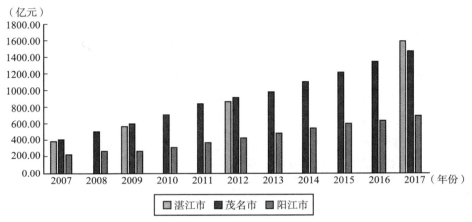

图 7 - 5　粤西地区社会消费品零售总额的变化

资料来源：笔者整理。

四、粤西地区案例及运营模式分析

　　湛江市 A 企业，主营业务是羽绒服、羽绒被等产品的生产。该企业共有员工170 名，2017 年生产总额为 2 亿元，毛利率为30%，纯利率为5% 左右。20 世纪90 年代企业成立后不久建立了自己的品牌。将工厂建在湛江是因为可以获得大量的羽绒原材料。作为羽绒制品，只有鸭与鹅可以采集这些材料，而湛江市是获取这些原材料的重要地区。该企业重视羽绒制品质量的基础上，对羽绒洗净工艺也不断创新，因而产品受到部分消费者的信任，销售量也较好。现在不仅仅是卖自己的品牌，贴牌产品也有不少。目前企业发展的瓶颈是自己的品牌尚未得到市场广泛认可，销售量也较为有限。今后企业如何发展，如何在提高产量的基础

① 参见湛江市商务局网站。http：//www. zjboc. gov. cn/fileserver/NewsHtml/a7890ee3 - e2af - 4e02 - b569 - 48c61626e381. html，2018 - 10 - 20。

上，扩大销售量？

对于电子商务，该企业在数年前已引入这种商业模式，现有电子商务从业人员 6 名，在政府建设的电子商务园区有自己的办公区，从事电子商务销售工作。这个园区目前是政府补贴的形式，因而办公地点不用交租金。但将来如果盈利多了之后是一定会收租金的。目前总体上以国内电子商务为主，产品销售多数销往国内其他地区。跨境电子商务也有工作人员一名。由于跨境电子商务是利用第三方平台，支付这个平台 7 万元费用的基础上，每月还要支付 5000 元工资，在湛江这一地区属较高的人员工资（因为跨境电子商务必须熟练掌握英语）了。但迄今为止尚未有一单的成交量，考虑是否取消这个业务①。

企业主管称，曾经从北京来了两位从事电子商务的人员，从他这里订货，只要将加工好的羽绒服、羽绒被发给他们，他们自己进行销售，品牌也不用 A 企业的，而是自己注册的品牌。这两个人对外销售能力较强，每年有约 2000 万元的货物从他们那里销售出去。

B 企业为食品制造业。也在湛江市，主要是生产月饼及饮食业。有工作人员 200 名，年生产额约 5000 万元，毛利润 30%，纯利润约为 5%。与 A 企业相同。月饼生产期大约 3 个月，主要是因为中国每年消费季节在中秋节前后。这种食品生产周期非常短，但工厂设施较好。其他时间主要靠饮食业的收入。月饼销售由于竞争较为激烈，因而营销模式是传统方法与电子商务方式共存。月饼生产不仅有自家品牌，也贴牌为其他企业生产。目前跨境电子商务没有考虑，将月饼销售到国外好像很难。企业主如是说。国内电子商务共有 3 名从业人员，主要销售月饼，大约月饼产值的 20% 由他们销售完成。

C 企业地处茂名市，是电子商务人才培养以及向各地输送人才为主营业务的公司，同时也通过跨境电子商务模式销售一些游戏机、小家电等产品。由于该企业以跨境电子商务为主，所有工作人员能够自如使用英语进行销售活动。工作人员共 15 名，该公式与阿里巴巴集团公司属于合作经营的公司，通过阿里巴巴集团公司国际站这个平台培养人才、销售商品，并对企业及院校贩卖阿里巴巴集团公司培养专业人才的软件。

目前该企业了解到粤西地区在阿里巴巴集团公司国际站登录的跨境电子商务国际用户数量较多。湛江市为 110 间，茂名市为 20 间，而阳江市最多为 500 间。正如前文所述，阳江市主要以厨房用具、特制剪刀、高档菜刀类加工企业较多，

---

① 这个企业一般人员工资平均在 3000 元左右，5000 元工资对于该企业来讲属于较高工资范畴。

而这类加工企业销售渠道灵活，同时由于品质较高，更希望打开国际市场，所以这也是该地登录间数较多的原因。而湛江相对较多也是因为湛江市是海产品出口最多的地区。每年出口量约占总出口量的 21%。同时，湛江也是小型家电以及拖鞋加工企业最多的地区，大学 90% 以上的企业加工上述产品。也是这类中小型企业集聚的主要地区。所以，有较多的跨境电子商务企业也不足为奇。

以上三家企业有一个共同特点是面临产业升级的问题。我们知道这类加工企业目前一直处在为大型企业加工产品，通过贴牌后销往全国乃至世界市场，因而利润空间被这些企业所挤压获得利润非常少。因此对于这类企业本身利润低，更无法对企业技术研发投入资金，也无法通过设备更新、培训员工等方法达到提高附加值和生产效率的目的。中国目前随着收入水平不断提高，产品消费方式也由消费价廉的低档品向正常品及奢侈品方向转变，因此对产品的要求也在不断提高。而上述企业生产的产品一般都只能在低端消费市场上销售，通过销售量来提高企业收益。因而他们未来发展面临较大困难，甚至关系到企业的存续危机问题。

另外，传统的市场营销模式成本不断增加，而电子商务营销模式却需要知识水平较高的大中专院校毕业生的支持才能完成。因而我们看到中国目前电子商务市场处在不断扩大的趋势，而这类企业却无法在市场中站稳脚跟，得到较为稳定的市场份额。2017 年，中国电子商务市场贸易总额达到了 29.16 万亿元，较前一年相比增加了 11.7%。利用互联网购物人次达到 5.33 亿人，增加了 14.3%。全国商品运送达 400.6 亿件，增加了 28%。快件派送人员达 4250 万人。

广东省是中国电子商务最大的省份，互联网用户人数处全国第一位。2017年已达到 6775 万人，电子商务普及率达到 62.8%[①]。2017 年 1～11 月，广东电子商务贸易总额达到 47338.2 亿元，增加了 22.5%。跨境电子商务则为 441.9 亿元，增长了 93.8%[②]。而广东省的工业电子商务[③]也得到了较大发展。这些领域包括钢铁、塑料等产品。甚至一些大型电器产业也加入电子商务利用者的行列。至此，2017～2020 年广东省计划投资 1390 亿元开展 4G/5G 移动网络通信设施的

---

① 将剑豪，文丹枫，朱志荣. 广东省工业电商发展研究报告（2017～2018）［M］. 北京：经济管理出版社，2018.

② 这些数据请参照中国商务部. 中国电子商务报告 2017［OL］. http://dzsws.mofcom.gov.cn/article/ztxx/ndbg/201805/20180502750562.shtml.

③ 工业电子商务是指在电子商务环境下的工业流通环节的应用。不仅包括工业企业为原材料、设备、燃料、水电气和零配件等生产投入要素以及办公品耗材的采购等相关商品交易和物流的活动。

建设中①。

但是，广东省虽然是中国电子商务第一大省，但主要集中在广州市、深圳市等珠江三角洲地区。而粤西地区则与上述地区无法比拟。特别是在人才方面，深圳市如果要采用一个电子商务人才的话，在网络上可收获 1000 名以上的履历表，但在粤西地区，仅仅可以收到 6～7 份，而且尚无电子商务从事经验。同时，物流设施较为薄弱，产业聚集较为匮乏等问题的存在，再加上地理角度看，上述地区距离珠江三角洲地区较远，已超出其辐射范围。但在物流相关基础设施建设不断提高、交通设施不断发展的态势下，通过电子商务这种市场营销模式，能改变欠发达地区的经济状况，并对区域经济发展模式进行改进，则是本章撰写过程中不断思考及期盼解决的一个重要问题。

我们知道，由于地理上的差距，很多珠江三角洲地区企业无论是上游产品还是下游产品都会在珠江三角洲地区寻找相关联企业，近距离完成产业链上的产品制造过程。当电子商务在交通、物流发展较为完善，甚至一些相关企业上下游产品进行选择时，如果粤西地区生产成本低，甚至加上物流成本也较珠江三角洲地区企业商品价格低的情况下，通过电子商务市场营销方式获得这些价低质量较好的产品就不再难。这会对粤西地区这类经济欠发达地区经济发展带来新机遇。经济增长的原动力，迄今为止的经济理论研究中主要是通过先进技术来提高企业生产效率。随着上述企业与珠江三角洲地区产业关联程度的提高，企业自身发展的机遇也会随之来临。进而通过工业电子商务以及相关市场营销模式不断扩展，进一步会带动当地经济发展。

五、电子商务营销模式对区域经济的影响

区域经济的发展，常常与经济动力源之间的距离有着较大关系。因此，作为发达地区对周围辐射距离的远近成为区域经济研究一个主题，即所谓的经济发展与距离的弹性。经济发达地区产业集聚程度的高低成为经济发展的重要指标，也就是说产业集聚与经济增长之间有相互强化的关系②。

① 将剑豪，文丹枫，朱志荣. 广东省工业电商发展研究报告（2017～2018）［M］. 北京：经济管理出版社，2018.

② 参照藤田昌久、Jacques – Francois Thisse（著），石敏俊（译）. 集聚经济学——城市、产业区位与全球化［M］. 上海：格致出版社，上海三联出版社，上海人民出版社，2016.

　　根据以上区域经济理论，粤西地区如果希望湛江、茂名和阳江市与经济规模非常大的珠江三角洲地区对上述地区经济发展起到牵引作用的话，几乎很难达到。因此，这也是虽然湛江市为 1984 年便开放的中国 14 个沿海开放城市之一，却至今发展缓慢的重要原因之一。粤西地区经济特性虽然各有不同，且城市技能相对低下，但却有着较大的发展潜力。解决方法之一就应当是电子商务。电子商务迄今为止的研究对区域经济发展有什么作用，尚没有一个明确的结论。中国电子商务的发展可以超越行政界限，无论距离远近，只要是需求存在就会有相应的供给，这也超越了地理界限，使交易成为可能。

　　作为传统产业，特别是生产力水平相对低下的产业，也因此它的边际收益递减以及产业发展制约给这类产业今后发展带来较大的问题。但从中国产业整体结构来看，并非所有地区的产业结构都得到了较大提高，相对于发达地区欠发达地区产业升级相对滞后，产业结构很难轻易改变。而电子商务这种经营模式可以从互联网这个平台出发，将自己的产品与其相匹配的产品进行交易，在现有产业结构不进行大幅度改进的前提下，原材料、资本以及市场进入的范围不断扩大，甚至在国际市场中一些产业结构相近的产业间交易的可能性在不断增加。因此应当对于这种由于各种原因无法提高且有市场的产业间的合作成为今后经济发展中不可忽略的重要一环。

　　我们知道传统产业通过电子商务模式，利用 web 检索技术开展互联网上的产品销售。随着移动互联网和各地交通状况以及互联网用户不断增加，传统企业的也有了新的发展方向。正如本章前面所述，粤西地区已经有了较为良好交通状况，且移动互联网的普及率也较高，电子商务开展地区环境在全国来说也是非常好的。因此可以认为，对于传统加工业的发展，迎来了一个较好时期。

　　湛江市的羽绒制品、小家电产业以及拖鞋加工产业，阳江市的五金产业都是以中小型企业为主。甚至小型企业居多。如果一味要求其产业升级，在资金以及人员技术方面都很难短期内完成。因此扩大其销售渠道则成为这些企业更加现实且有利的问题。这些企业销售渠道能够扩展的情况下，小微企业收益会带来一定的乘数效果，进而对区域性经济发展起到一定的推动作用是可以期待的一种模式。同时，就目前国际上一些成功先例我们也可以看到，中小企业在行业中进行统筹，向大型企业提供成品或半成品，即所谓由企业自身完成所有或部分零部件自造利用互联网向全球协同制造的企业集成（enterprise integration）① 方向转变。

---

　　①　这个案例请参照世界最大的航空制造开发公司波音公司的发展模式。

今后，粤西地区中小企业采用这种模式，将会对本地区经济产业发展有一定的作用。同时，由于电子商务模式的普及和发展，近年也出现了一种称之为"敏捷经济"的经营模式。也就是利用互联网的营销模式，提供少量、个性的产品和服务，而且这种模式所面对的市场也不容小觑。像这种具有小型化特征的方式，也是粤西地区产业发展可以借鉴的。城市网络化对于区域经济发展带来了新的机遇，随着网络经济的不断普及深入，欠发达地区经济发展模式也会带来新的改变。

如图7-6所示，欠发达地区电子商务发展模式，与经济发展模式与发达地区企业市场营销模式相同，无论是既有方式①和电子商务模式都相同。而既有方式是通过经销商、代理商或分销商对代理产品进行销售，他们对市场选定目标，通过了解顾客的需求，充实各个代理点或实体店的商品及服务，最后销售给消费者从而获得企业利益。这一方法主要是靠顾客满意程度得以实现。然而由于其实施过程较长，顾客意见反馈对产品或服务具有相对滞后性，很难快速解决问题。而电子商务则有所不同。可以通过互联网在运营过程中，对提供的产品或服务进行跟踪调查。在录入顾客信息等数据的时候，同时也可以将顾客反馈的意见和建议随时告知企业，利用 web 加强顾客与企业之间的联系，甚至有些直接是企业与顾客进行交易方式，如 B2C 等方式运营过程中，会很快将这类问题得到有效解决。这也是既有方式所无法比拟的一种企业发展模式，也会对企业发展带来有益且快速的成长。另外，电子商务运营模式又是现在较为流行的敏捷经济主要事实手段。通过 B2C 或小微企业间的 B2B、C2B、C2C 等方式，满足顾客的定制要求，小量但却能有效地提供产品服务，也是这类企业解决目前发展困境的重要手段，最终对区域经济发展起到促进作用。

如上所述，这种既有方式与电子商务模式，是解决粤西地区中小企业发展瓶颈的一个重要手段，也是一个新的机遇。通过 web 将产品或服务提供给客户，有些客户因为早期规划或产品的特殊性，并不在意时间成本，或有效地降低了时间成本。在这种情形下，距离远近已不再成为产品（或大型企业需要的上下游产品）需求的主要障碍，而产品或服务的定向性、精准性则成为企业或顾客的主要效用，这也是满足客户的重要模式。

---

① 这个词汇的使用，是为了能够与现在电子商务相关的市场营销模式相区别而使用的，并不是一个受到广泛认可的词汇。在此做一个澄清。

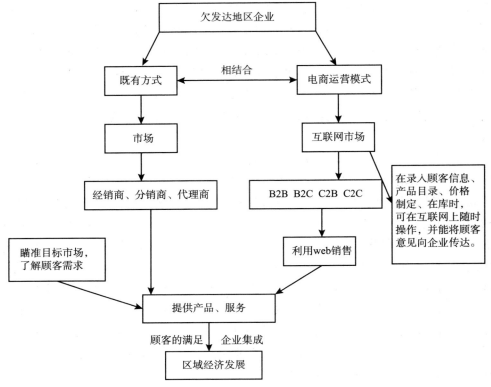

图7-6　欠发达地区利用电子商务发展模式

资料来源：笔者整理。

迄今为止的发展模式是经济增长较为迅速地区，对周边地区经济产生了较强烈的辐射作用的同时，也对各个企业上下游产品的供给形成了较为完整的企业集聚。这种集聚效应有促进了人口的集中，市场随之扩大带来了实体商铺的迅速成长，最终形成了大型的商业中心。在这种模式下，距离成为经济效果辐射的最大障碍，自然远离经济动力源的地区，逐渐距离越拉越大。

但随着电子商务模式的不断完善，只要有网络的地方，产品或服务信息都可以传送。而传送来的信息对于客户来看，时间成本较多的客户会对产品或服务的质量完善程度进行不懈的追求。这也从侧面对企业要求不断提高，使得企业不断完善产品质量。而这个过程并非一定要在产业升级的基础上完成。同时，对于大型企业所要求的上下游产品或原材料，也能够首先通过web形式对产品质量和样态进行确认。选择低成本、优良的产品或原材料。虽然比周边地区部分企业物流成本要高，但从总成本来看由于产品及原材料的品质不同，还是相对较低。这样距离就不再成为企业间合作的主要障碍。粤西地区，特别是湛江曾经是广东第二大城市，很多电器、水产等加工企业都在这里，也曾有过经济发展的辉煌时期。但最终还是区域经济学所论证的那样，距离成为了该地区进一步发展的主要阻碍。而珠江三角洲地区地区经济发展由于距离和发展的弹性因素，这是周边地区经济发展强大的要因。

从电子商务发展形势来看，不仅既有方式的市场营销受到挑战，而且传统的对外贸易营销方式也受到很大挑战。既有方式进行的对外贸易，在国外客户有需求的基础上，通过国内外企业的营销渠道让国外客户了解产品或服务，通过客户对产品或服务上得到价值、成本的满足感来进行交易的。其中最重要的是代理商在国外市场营销中的不可控因素增大，风险也随之增大。在出口手段上是选择直接出口还是间接出口，还是直接投资（FDI）形式进入国际市场，是既有方式的主要模式。而这些方式无论是哪种，都带来了运营成本的高昂。作为粤西地区中小型企业，几乎无法实现的进出口模式。

而电子商务模式则显得较为有利。因此，跨境电子商务成为粤西地区很多中小企业的首选。企业可以根据电子商务服务平台，将出口或进口商品在平台上进行展示，通过这一平台将国内外企业建立联系，在这种背景下国际间的合作就更加迅速与直接，同时也可以部分减少中间代理商加入所发生的成本，对中小企业，特别是粤西地区实力较弱企业也可以开展国际贸易提供了有益的帮助。目前，全球实体零售市场也在趋向细分化和个性化的特点，即使是一些大型企业也开始了精确、有针对性的客户提供商品或服务。这也是粤西地区应当采取的一个重要模式。粤西地区的企业在遵守国际贸易规则的基础上，根据市场规律将自家企业好的产品或服务提供到国际市场，真正成为经济发展一个牵引动力。

六、结　　语

电子商务市场规模的扩大和发展，在国际社会中不一定都适用。比如在日本我们知道，美国的一种所谓共享经济带来的一种网约车服务的企业 Uber 的经营方式，几乎同时进入到中国和日本。而中国的滴滴打车迅速发展壮大，虽然其中一些问题常常被大众所诟病，但仅仅 6 年就成为一个拥有大量员工的大型企业。而日本则不同，政府要考虑的日本出租车协会以及市场竞争的公平性等问题，几乎没有有效展开。而 2018 年才在京都实验性的展开，但能够走多远却很难预测。

　　从以上两国状况的比较后我们看到，国内由于导入这种模式使得出租车行业受到重大打击，很多车主改行做其他职业的人也不少。但从另一个方面看，对于中国出租车行业中常年存在的服务质量的低下是一个较好的促进，迫使很多企业不断深化改革自身的服务标准，以求得在市场上获得更多的份额。

　　上述例子是想说明的是，中国是一个各地区经济发展不均衡的国家。单纯依靠一种或几种方法来促进经济发展，并非是一个好的选择。如何解决则是今后重要的课题。在此背景下，中国政府利用电子商务模式，不仅仅在对欠发达地区，而且对偏僻的农村经济发展的研究，更需要方法和措施加以实施，从而缩小地区间的经济差距。作为电子商务发展战略中重要的一环，就是找出促进欠发达地区经济发展的动力源，或者是牵引力，才是电子商务模式与区域经济发展相关研究的重点。当然，本章所论述的部分，仅仅是在政策以及电子商务模式实施方面进行的一个初步探讨，尚缺乏实证研究。这也是今后笔者持续关注电子商务与区域经济发展的研究的主要课题。找出电子商务发展的重要参数后详细进行论证。

第八章 新时代中国零售服务业转型升级研究

——以江苏省沿海为例①

包振山 陈新语②

一、江苏省流通服务业升级必要性

当前中国经济进入发展的新常态阶段，一方面表现为经济发展的引擎由主要依靠投资驱动向扩大内需、依靠消费增长的战略转换；另一方面表现为产业结构的不合理，产品产能的过剩与消费者需求得不到有效满足，出现供求不相匹配，供大于求的不平衡现状。连接生产和消费的流通服务业，在协调国民经济全局发展中起着先导性、基础性作用，《中共中央关于制定国民经济和社会发展第十三个五年规划的建议》中提出，加快发展现代服务业，促进服务业优质高效发展的新要求。

在贯彻党的十九大精神的开局之年，高水平全面建成小康社会的决胜背景下，流通服务业在建设"强富美高"新江苏省，促进经济转型升级、迈向高端水平，实现经济良性循环中应发挥先导性和基础性作用。流通服务业的转型升级不仅关系到江苏省流通业自身的发展，更关系到经济能否向高质量发展转变。

江苏省沿海的南通市、盐城市和连云港市三市，在大力发展开放型经济的背景下，紧抓改革机遇，经济得以快速发展，如 2015 年南通市经济增长率为9.5%，盐城市经济增长率为 11.8%，连云港市经济增长率为 9%，均高于江苏

---

① 本章内容是在包振山，尤康. 新时期江苏省流通服务业存在的问题及其对策［J］. 经济研究导刊，2018（23）. 包振山."十三五"时期江苏省沿海地区流通服务业升级研究［J］. 当代经济，2018（21）的基础上修改而成。

② 陈新语：盐城市师范学院商学院本科生。

省 8.5% 的经济增长水平，也高于全国 6.9% 的经济增长水平，成为江苏省经济发展的新亮点。在此背景下，流通服务业利用改革红利，不断调整优化产业结构，流通现代化进程不断加速，市场商品体系初步形成。因此，准确把握江苏省沿海地区流通服务业发展中存在的问题，推进流通服务业转型升级，这既是新时期江苏省经济发展新形势下的迫切要求，也是驱动江苏省经济发展方式向高质量发展转变的必然选择。加快流通服务业的创新发展，促进其转型升级也是江苏省沿海地区经济"十三五"时期发展的必然趋势。

二、江苏省沿海地区流通服务业发展现状

（一）总量规模持续扩大

南通市位于江苏省东南部，南与苏州市、上海市等工业化城市隔江相望，西与泰州接壤，北与盐城市毗邻，滨江临海，地理位置优越，区位发展优势明显，素有"江海明珠"称号。作为中国首批对外开放城市之一，南通市下辖五个县市，三个行政区，外加一个国家级经济技术开发区，常住人口为 730 万人，总面积达 8001 平方公里。在"十二五"发展规划时期的第一年（2011 年）其社会消费品零售总额就已经达到 1480 亿元，截至 2015 年底，社会消费品零售总额年均增长率为 12.2%，商贸流通市场总额排在全省第 4 位。其中，城市消费品零售总额 1749.5 亿元，增长 10.1%，农村消费品零售总额 629.9 亿元，增长 9.1%。分行业来看，批发和零售业消费品零售总额 2177.5 亿元，增长 9.8%，住宿和餐饮业消费品零售总额 202 亿元，增长 10.2%。

盐城市位于江苏省中北部，东临黄海，南与南通市接壤，西与淮安市、扬州市毗邻，北隔灌河与连云港市相望。作为江苏省土地面积最大，海岸线最长的地级市，盐城市总面积 16972 平方公里，下辖 3 个市辖区、5 个县和代管 1 个县级市，总人口 721.6 万人。在"十二五"发展规划时期的第一年（2011 年）其社会消费品零售总额就已经达到 895 亿元，截至 2015 年底，社会消费品零售总额年均增长率为 12.8%，商贸流通市场总额排在全省的第 7 位。其中，城市消费品零售总额 1391.8 亿元，增长 11.8%，农村消费品零售总额 76.8 亿元，增长 12.6%。分行业来看，批发、零售、住宿、餐饮分别实现零售总额 179.6 亿元、1140.9 亿元、15.2 亿元和 132.9 亿元，比上年分别增长 10.2%、12.2%、

10.0% 和 11.3% 。

连云港市位于江苏省东北部，东临黄海，北与山东日照接壤，西与山东省临沂市和江苏省徐州市毗邻，南连宿迁市、淮安市和盐城市，和南通市同为全国首批 14 个沿海开放城市之一，下辖 3 区 3 县，总面积 7615 平方公里，总人口 507 万人，是新欧亚大陆桥的东方桥头堡。在"十二五"发展规划时期的第一年（2011 年）其社会消费品零售总额就已经达到 500 亿元，截至 2015 年底，社会消费品零售总额年均增长率为 13.2%，商贸流通市场总额排在全省的第 12 位。分行业来看，批发、零售、住宿、餐饮分别实现零售总额 64.7 亿元、688.6 亿元、9.7 亿元、67.7 亿元，分别增长 12.3%、11.3%、11.5%、24.4%。

（二）产业规模迅速扩大

自改革开放以来，江苏省流通服务业不断调整优化产业结构，加快流通服务业创新步伐，逐步形成了现代化的流通体系，流通竞争能力也位列全国前茅。但沿海三市属于"苏北"地区，包括流通服务业在内的经济发展在近年才开始进入快速发展轨道。沿海三市的社会消费品零售总额从 2011 年的 2875.2 亿元增长到 2015 年的 4678.8 亿元，增长了 62.7%，年均增长率 12.5%；社会消费品零售总额在江苏省社会消费品零售总额的比重连续五年保持在近两成。

2015 年限额以上批发和零售业主要经营类别中，南通市汽车类零售额比 2014 年增长 4.7%，居民生活消费类增长较快，粮油食品类增长 7.6%，穿着类的服装鞋帽针织品增长 11%，家电娱乐类消费增长 7.7%。盐城市通讯器材类消费增长 45.3%，居民生活消费类增长较快，食品类增长 14.6%，穿着类消费增长 8%，汽车类消费增长 15.5%，家电、娱乐类消费分别增长 15.4% 和 6.5%。连云港市八大类居民消费品和服务价格同比"七涨一跌"，其中医疗保健和个人用品类涨 3.6%，涨幅最大；衣着类涨 3.4%，涨幅次之；烟酒类涨 3.1%；食品类涨 2.4%；家庭设备用品及维修服务类涨 2.2%；娱乐教育文化用品及服务类涨 1.3%；居住类涨 1%；交通和通信类则下跌 1.4%。

（三）业态结构进一步完善

百货商场、大卖场、超市、大型超市、专卖店、专门店、购物中心等 17 种有形店铺零售业态和酒店餐饮、西餐咖啡、连锁快餐等 7 种酒店餐饮业态基本具备，无店铺零售业态逐步兴起并对实体店铺带来冲击。江苏省沿海三市的商贸中心和特色专业街区集聚度不断提高，尤其是"广域型—区域型—社区型"商业格局基本形成，特色街区建设取得较大进步，县区及乡镇商业网点规划和建设工作也有了较大进展，中心商业区基本形成。

（四）现代化水平明显提升

现代化水平发展主要表现在三个方面：一是连锁商业迅速发展。南通市连锁经营保持了强劲的发展势头，文峰连锁、乐天玛特继续领先增长，超越超市、通联农资等中等规模的连锁企业不断发展，形成了龙头企业和中小企业共同竞争发展的局面。二是电子商务起步发展，有望成为经济新增长点。以电子商务为首的共享经济是新型经济活动，目前正以前所未有的速度迅猛发展。三是现代化的物流配送体系初步建立。江苏省沿海三市大力引进现代化物流配送企业，积极推进构建现代化的物流园区，为实现"互联网＋"下实体、共享经济的互动发展，积极探索智慧物流网的建设。

三、江苏省流通服务业发展存在的问题

（一）流通基础设施建设的二元差异

流通基础设施的二元性主要体现城乡之间和东西部之间不均衡。受城乡二元经济结构的影响，江苏省的消费市场逐渐分割为城市和农村两个市场，城乡之间的流通消费市场存在着很大的差异。一方面表现为城市中的优质消费品不能有效抵达农村并被消费，另一方面表现为"农副产品进城难"。在农副产品和工业产品的双向流通中，存在流通基础设施配套跟不上，流通环节多、损耗大、成本高，最终导致流通的整体效率还比较低。

（二）实体流通经济增速乏力

导致实体流通经济增速乏力的原因主要有三个：一是以电子商务为首的共享经济的快速发展，对实体流通经济冲击较大。二是面对复杂多变的消费行为变化，实体流通企业经营观念滞后。虽然江苏省沿海三市都在大力推进网络购物、电子商务等的发展，但是各大实体流通企业仍以实体销售为主，应对消费多元化变化的网上商城仅拘泥于形式，未能有效地捕捉到消费需求，个性化体验式消费营销配套措施不到位。三是经营成本的增加，包括租金与人工成本的增加。随着

要素价格的不断上涨，与其他行业一样，流通服务业也面临水电费、劳动力成本、房租等各种要素成本上升的压力。对超市、餐饮等商贸流通服务业来说，刷卡消费比例逐年提高，因银行卡刷卡手续费均由商户承担，导致刷卡成为流通行业继房租、水电费、人工成本之后第四大开支①。

（三）当地流通企业规模小，竞争力不强

随着经济的不断发展，江苏省流通产业的现代化水平虽然在随之不断提升，但不论是当地的金鹰国际还是文峰大世界，在营销技术、成本控制能力、品牌价值等方面，与内资的永辉超市、苏宁电器等存在明显的差距，与外资的乐天玛特等的差距更是相差甚远。

（四）多元消费与流通经营业态间矛盾加剧

经过改革开放以来四十年的发展，中国商品流通市场已经由卖方市场转变为买方市场，生产效率的提升，释放出极为丰富的商品供给，甚至出现部分产品、产能严重过剩。消费观念由传统消费观念向现代消费观念转变；由从众消费向个性化消费转变。消费观念的变化，使居民的消费从追求大众化、标准化、流行色、流行式到现在的个性化、品牌化、时尚化。消费观念的转变以及科技、经济的发展，使新兴消费方式层出不穷。刷卡消费、贷款消费、电话消费、网络消费，从无到有，迅速成长，目前已发展成为新的消费方式②。尤其是在"互联网＋"、数字信息化背景下，共享经济的迅速发展对实体流通店铺的发展转型提出了更高的要求。

四、江苏省流通服务业转型升级优化路径

（一）加大政策支持，缩小城乡差距，实现均衡发展

城乡流通服务业的二元结构差异，不利于流通产业的转型升级，制约着城乡统筹发展。解决此问题从政策上扶持、引导经济的发展是关键。《国内贸易流通

---

① 李丽. "十二五"时期北京市流通服务业发展现状及存在问题［J］. 中国流通经济，2016（2）：20－26.

② 梁达. 以新消费引领新供给　打造经济新动力［J］. 金融与经济，2016（3）：28－31.

"十三五"规划》中，明确提出统筹区域城乡协调发展。只有经济发展，居民购买力提高，流通服务业才能发展。流通服务业的优化升级，可以实现资源的合理配置，缩小城乡发展差距，对其他产业有很强的先导作用和辐射作用，有益于国民经济的全局发展。

因此，江苏省应摒弃"重生产、轻流通""重城市、轻农村"的传统观念，加大对流通服务业的扶持力度，引导其科学发展，如鼓励流通企业加大技术创新和管理创新，给予税收等优惠引导，江苏省统筹规划商贸流通业，与全国商贸流通网络相对接，构建区域配送中心、仓储中心等。通过政府财政投入，引导社会资本进入等方法，完善流通基础设施建设，尤其是农村地区的道路等的建设，探索推广地方特色的连锁超市与村民服务站一体化的流通终端。

（二） 加快流通服务业创新发展进程

创新是流通服务业发展的不竭源泉，也是其适应当前经济新常态的必然选择。江苏省流通服务业要从自身角度不断突破自我，勇于创新，改变传统的"小、乱、差"模式，提升流通服务业的集中度，通过兼并重组，实现强强联合，达到规模经济效应。运用现代管理技术，从当前的百货商场、小型超市向专卖店、便利店、城市商业综合体等多种业态发展转变，加快发展现代流通方式，提升现代流通服务业的经营管理水平。

创新优化流通服务业的行业结构，完善批发业、零售业、物流业、住宿与餐饮业等的产业链。扩大批发业的规模和经营范围，提高经营档次，改善经营方式和交易方式，充分利用电子商务平台，树立品牌意识，努力恢复并壮大批发业的发展。零售业要紧抓多元消费的需求，适时创新经营业态，发展电子商务和实体店铺的无缝对接，实现"网订店取"，培育和引领消费新增长点。发挥物流业在流通服务业中的"领头羊"作用，有效降低物流成本，运用数字信息化技术，提高物流效率，促进流通产业链的协调发展。

在"十三五"发展时期，紧抓"互联网＋"科技与电子商务高速发展为流通服务业升级带来的机遇。一是用大数据、智能化、人工智能等互联网新技术对消费需求新动向进行分析，为流通企业的营销策略提供理论支撑。二是大力推进电子商务与流通服务业协同发展，推进线上线下融合经营发展模式。三是大力加大信息化建设，流通企业要加大信息化建设水平，政府部门要为企业信息化建设提供资金支持。

（三）积极培育当地龙头流通企业

江苏省沿海三市在新的发展机遇下，应回避长久以来受市场管理机制缺少公平竞争、合理规划与全面开放的限制。一是加快当地流通企业的电子商务发展，提高企业的经营效率，降低经营成本。积极利用"互联网＋"平台，有效提升企业营销服务与管理服务能力，以"互联网＋"推动企业的传统流通方式转型升级，拓展绿色与智能内贸，并发展基于互联网个性化定制、云制造与众包设计等新型模式，推进形成基于消费需求动态感知的研发与贸易方式。以"互联网＋"技术改造江苏省沿海三市的大型流通企业，提高企业采购、配送、营销能力和信息化水平。

二是鼓励企业间收购兼并、联合重组、上市，扩大企业规模，打造当地品牌流通企业，加快培育一批经营规模超过 10 亿元、超 50 亿元的大企业、大集团，鼓励引导通过收购兼并、联合重组、上市等多种方式整合资源，跨地区、跨行业、跨所有制联合重组，实现跨越式发展。积极实施品牌发展战略，支持江苏省骨干流通企业扩大经营规模，强化品牌塑造。

三是大力推进连锁经营，通过积极培育江苏省有竞争实力的大型流通企业，鼓励其连锁化经营，发挥这些龙头企业在采购、物流配送、多店铺经营等方面的集聚规模优势，打造连锁企业的品牌竞争力和规模效应，不断提升企业的市场竞争力。

四是创新经营业态，提振实体流通经济。紧抓"80 后""90 后"和"00后"这一新消费群体网络生活、视野扩大和精神需求的特点，在实体店铺中增加互动式体验营销。从本地文化切入，发展情怀营销来吸引"70 后"消费群体。结合"互联网＋"平台，创新"网订店取"等共享与实体经济的无缝对接。

（四）培养、引进专业性、复合型流通人才

江苏省都应重视人才在流通服务业发展中的作用，因为专业性、科技型、复合型的人才的智力支持和支撑是实现流通现代化的根本保证。消费环境的复杂多变迫切需要流通服务业的转型升级，随之对从业人员的素质和知识技能要求也变得越来越高，因此高层次的流通人才越发显得不可或缺。

因此，解决流通服务业人才短缺的路径有：一是充分利用人才引进政策，吸引海内外、世界大型流通企业高层次人才、国家技能人才。二是强化当地企业与高校合作，坚持产学研相结合。高校要重视流通人才培养，认识到高素质的流通

人才和优秀的经营管理团队对流通企业乃至流通服务业的发展的关键性作用，和企业合作，培养企业需求的流通人才。企业要加大引进专业性人才的力度，为员工提供定期学习培训的机会，提升企业的人才整体素质。政府通过税费减免、财政支持等手段，给予企业引进人才以支持，为企业和高校合作培养专业人才创建平台，为流通服务业的智力支持提供良好的环境和氛围。

（五）打造区域特色流通服务业经济

在"十三五"时期经济迈向高质量发展的背景下，江苏省要想实现流通服务业的升级转型，必须积极培育流通服务业主体和多元化的经营业态。通过挖掘江苏省沿海三市的区域特色文化，构建区域特色化流通服务业经济，把区域特色文化与流通服务业融合起来，打造集休闲、娱乐、购物、饮食与旅游于一体的特色流通服务业经济，以此推动区域经济的发展。

第三篇

通道建设与环境篇

第九章　亚洲国际交通基础设施的改善与物流

——以中国、印度和东盟为中心的研究

王柏筍[①]　町田一兵[②]

　　亚洲经济的快速增长推动了亚洲各国的国内和跨境交通基础设施的升级与发展，作为亚洲经济新中心的中国、印度和东盟各国表现尤为明显。20 世纪 90 年代以来，全球贸易规模随着各区域间的自由贸易协定（freetrade agreement，FTA）的不断推进而扩大。与此同时，中、印和东盟各国对国内和跨境相关施建设进行了大量投资，促进了区域物流业的迅速发展。对日本、美国等在亚洲有投资的传统国家和其他开始在亚洲进行投资的新兴国家而言，不断发展的交通运输条件将成为拓展商业的重要因素，使亚洲继续保持较强的投资吸引力。

　　目前，中国是亚洲最大的交通基础设施投资国，在国内、国际相关设施建设方面均表现出积极的态度。由中国发起，成立于 2015 年的亚洲基础设施投资银行（以下简称：亚投行）将交通领域作为重点投资方向，并已批准 10 个该领域项目。从提供资金和加强与邻国关系来看，中国将成为亚洲国际交通基础设施发展的重要推动者。

一、亚洲地区的交通基础设施发展

　　目前，亚洲拥有全球 11.32% 的机场，28.80% 的铁路里程和 21.91% 的公路里程。并有多个在建的交通基础设施项目。今后，亚洲作为世界经济发展的重要驱动力，其交通基础设施，特别是机场、铁路和公路仍有较大发展空间。

　　近年来，亚洲交通基础设施发展呈逐步向经济发展较快的中国、印度和东盟

---

①　王柏筍：西安欧亚学院物流管理专业带头人、博士。

②　町田一兵：日本明治大学副教授、博士。

集中的趋势。与亚洲其他地区相比，上述三个国家/地区自20世纪90年代起以大规模投资促进了交通基础设施的迅速发展，规模已远超亚洲其他地区。目前，中、印的铁路和公路总里程分别占亚洲50%和60%以上，是亚洲的铁路和公路最密集的地区。另外，东盟的机场占亚洲总量近30%，是亚洲机场最密集的区域（见表9-1）。

表9-1　　　　亚洲主要国家（地区）交通基础设施比例（2017年）　　　单位：%

2017年	机场（座）	铁路（总里程）	公路（总里程）
亚洲/世界	11.3	28.8	21.9
中国/亚洲	10.7	36.7	32.5
印度/亚洲	7.3	20.3	33.4
东盟/亚洲	27.9	6.7	9.6
（中国＋印度）/亚洲	18.0	57.1	65.9
（中国＋印度＋东盟）/亚洲	45.9	63.7	75.5

资料来源：The WorldFact Book，Central Intelligence Agency.

自2002年加入世界贸易组织（WTO）以来，在经济快速增长的同时，中国对交通基础设施进行了大量投资，在发展基数较大的情况下，其公路里程、铁路网密度和航班离港次数的平均增速仍为亚洲整体的5倍以上。作为亚洲新经济增长点的印度和东盟同样致力于发展交通基础设施，在公路和航空方面保持了较快的增速。亚洲交通运输已形成以中国为代表，印度和东盟紧随的迅速发展格局（见表9-2）。

表9-2　　　亚洲主要国家（地区）交通设施年平均增长率（1990~2017年）　　　单位：%

国家（地区）	公路里程	铁路网密度	航班离港次数
中国	17.88	1.44	124.94
印度	10.59	0.37	42.29
文莱	12.18	—	8.47
泰国	75.94	2.50	31.82
老挝	10.76	—	10.94
马来西亚	9.82	1.96	13.59

续表

国家（地区）	公路里程	铁路网密度	航班离港次数
越南	6.35	0.74	858.65
印度尼西亚	4.76	—	20.35
菲律宾	2.06	0	25.12
新加坡	1.35	—	35.24
缅甸	2.24	—	21.82
柬埔寨	26.88		—
亚洲均值	3.24	0.13	25.18

资料来源：（1）Key Indicators for Asia and the Pacific 2000 - 2018，Asian Development Bank.
（2）The World Fact Book，Central Intelligence Agency.

（一）中国交通基础设施概况

2000 年以来，经济的快速增长带动了中国交通运输业投资的逐年增加，地方对交通基础设施建设日趋重视。2004～2016 年，地方年均投资占比约为 80%，2016 年增至 85%。此外，中央和地方的投资重点领域区别明显。中央的总投资中，铁路占 70% 以上（见图 9 - 1、图 9 - 2）。该结构一方面体现了中央政府对铁路的集中管理、铁路网的布局和基础设施的发展在中央政府的战略下统一推进的特色；另一方面则表明铁路是中央政府现阶段重点发展领域。与铁路不同，地方承担了对公路基础设施及仓储共 85% 的投资。表明各地方政府均重视公路运输的发展对当地经济的促进作用。

2000 年以来，"调整产业结构"作为"西部大开发"的重要组成部分，已逐步改变了中国区域经济发展的结构，西部经济迅速发展。2017 年，"西部大开发"区域的 GDP 平均增速为 7.73%，已超过作为中国经济发展代表的东部地区（7.19%），居全国最高（见表 9 - 3）。毋庸置疑，以往高昂的运输成本和物流相关设施的不足是制约西部经济发展的瓶颈。因此，国务院制定了改善包括铁路和公路在内的内陆交通基础设施的发展总体规划，并持续推进投资项目。截至 2016 年，中西部地区铁路和公路里程分别为全国总量的 38% 和 50%。

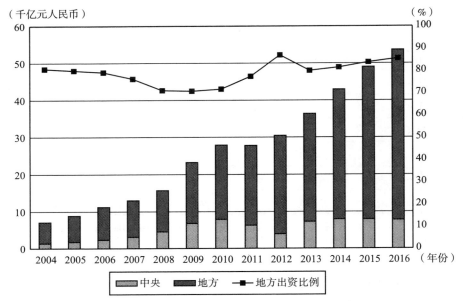

图 9 - 1　中国交通运输业投资额（2004～2016 年）

资料来源：国家统计局. 中国统计年鉴［M］. 北京：中国统计出版社，2005～2017.

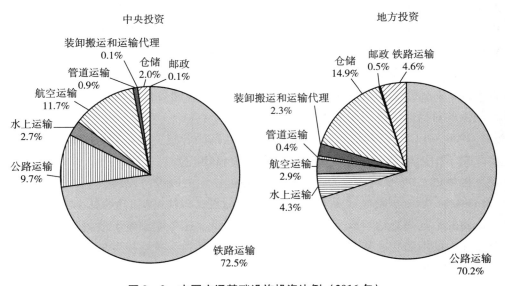

图 9 - 2　中国交通基础设施投资比例（2016 年）

资料来源：国家统计局. 中国统计年鉴［M］. 北京：中国统计出版社，2017.

表 9 – 3　　　　　　　　　　中国各地区主要交通设施增速　　　　　　　　单位：%

2016 年/1998 年	增速				
	公路总里程	高速公路	一级公路	二级公路	铁路总里程
华北	239	1926	977	252	110
东北	206	1197	674	226	40
华东	314	2402	617	159	144
华中	362	3963	734	233	116
华南	140	1110	204	289	249
西南	321	19843	735	155	125
西北	350	26886	1460	278	147

注：按现行中国地理分区。

资料来源：国家统计局. 中国统计年鉴［M］. 北京：中国统计出版社，1998，2017.

过去二十年间，中国中部、西北部和西南部的公路和铁路里程，特别是高速公路里程的增速位居全国前列。交通基础设施的升级和改建提升了中国西部至各地的各运输效率，在促进人员和货物流通的同时，降低了运输成本。

目前，在中国交通基础设施发展中，仍以政府主导的建设和运营为主要方式，民间资本（如 PPP 模式，Public – Private Partnership）的作用较小。对比发达国家的经验，未来中国民间资本在交通基础设施的维护和有效运营管理等方面将起到不可或缺的作用。

（二）印度运输基础设施概述

作为亚洲另一个大国，印度在经济快速增长的同时，也在交通基础设施相关的方面投入了大量资金（见图 9 – 3）。与中国类似，印度投资重点领域的区别明显。值得注意的是，除公路和铁路之外，印度的民间资本对交通运输领域的投资比率较中国更高（见表 9 – 4）。

印度经济增长源于扩大内需，并不依赖于国际贸易。因此，其交通发展集中于内陆基础设施，已建成与主要港口相连的公路和铁路，并将以此为基础进一步构建国内交通网络。同时，印度仍面临内陆交通基础设施不足的局面。铁路电气化率较低、复线较少，无法满足经济发展的需要。全国四车道及以上的公路里程为 24705 千米，仅占总量的 24.5%①。目前，印度民间资本对铁路和公路基础设施投资对的投资较低，中央和地方政府的投资有限，陆路交通基础设施的升级无法满足经济增长的需要。

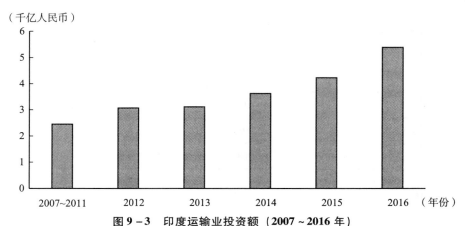

图 9 - 3　印度运输业投资额（2007 ~ 2016 年）

注：按历年人民币与印度卢比平均汇率计算，2015 ~ 2016 年为计划额。
资料来源：Infrastructure statistics 2014，Ministry of Statistics & Programme Implementation.

表 9 - 4　　　　　印度交通基础设施投资计划比例（2007 ~ 2012 年）　　　　单位：%

计划投资项目	投资比例		
	中央政府	各邦政府	民间
公路·桥梁	32.6	50.9	16.5
铁路	90.7	5.2	4.1
港口	13.2	6.8	80.0
机场	32.5	3.5	64.1
仓库	1.6	2.3	96.1
天然气管道	58.6	0.0	41.4

资料来源：《印度基础设施规划》，JETRO 新德里中心。

---

① Basic Road Statistics of India，Transport Research Wing ［R］. Ministry of Road Transport and Highways，2015（16）：9.

（三）东盟交通基础设施改善概况

东盟国家（地区）间的交通运输基础设施发展差异较大。中南半岛的公路和铁路处于发展中，与交通相关各方面课题开始提上日程。除老挝地处内陆外，其他东盟国家（地区）均有海岸线。因此，各国以发展出口导向型经济为目标，同时逐步推进港口和机场的建设。自 2002 年东盟与中国签署《中国—东盟全面经济合作框架协议（东盟 10 + 1）》以来，东盟的中资企业日渐增多。与此同时，自由竞争体系带动了东盟廉价航空企业（Low Cost Carrier, LCC）迅速发展。在此背景下，东盟的新建机场和港口不断增多。新加坡樟宜国际机场长期位列全球货运前 20 位机场（见表 9 - 5）。2013 年以来，雅加达的苏加诺—哈达国际机场保持了全球客运机场的前 20 位排名，成为东南亚又一区重要机场。

表 9 - 5　　　　东盟国家（地区）主要机场货物与旅客吞吐量（2016 年）

货物（2016）				旅客（2016）			
排位	机场所在地	吞吐量（吨）	与上年比（%）	排位	机场所在地	旅客数（人）	与上年比（%）
13	新加坡	2006300	6.3	17	新加坡	58698000	5.9
—	—	—	—	19	雅加达	58195484	7.2

资料来源：Annual Traffic Data, Airports Council International.

港口方面，以世界第二大集装箱港口新加坡港为中心的东盟各大型港口近年来保持稳定发展（见表 9 - 6）。2013 ~ 2016 年，8 个东盟地区港口的集装箱吞吐量稳定在全球前 50 位，占全球比率从 2013 年的 11.7% 升至 2016 年的 14.46%。

表 9 - 6　　　　东盟国家（地区）主要集装箱港口吞吐量（2016）

全球排位	港口	国家	吞吐量（TEU）	占全球比率（%）	增长率2016 年/2009 年（%）
2	新加坡	新加坡	30903600	5.66	19.5
11	巴生港	马来西亚	13169577	2.41	80.2
19	丹戎帕拉帕斯港	马来西亚	8280661	1.52	38.0
20	林查班	泰国	7227431	1.32	59.3
24	胡志明市	越南	5986747	1.10	68.0

续表

全球排位	港口	国家	吞吐量（TEU）	占全球比率（%）	增长率 2016年/2009年（%）
27	丹戎不碌港	印度尼西亚	5514694	1.01	45.1
36	马尼拉	菲律宾	4523339	0.83	60.7
43	泗水	印度尼西亚	3354968	0.61	33.4

资料来源：《2017全球前100集装箱港口》，劳氏航运。

总体而言，上述三个国家和地区的交通基础设施占亚洲50%以上，中、印陆路交通基础设施比率较大，东盟地区在机场发展方面领先于亚洲其他地区。另外，中国较印度在交通基础设施建设方面投入了更多资金。虽然不能仅从资金方面分析，但中国以"交通为'扩大外贸、提升外汇储备'而服务"为目标，投资额约为印度的10倍，是亚洲最积极的致力于交通建设的国家（见表9-7）。近年来，中国交通基础设施的发展已不仅局限于国内，而是通过与邻国积极开展合作，将内陆运输通道扩展至欧洲。

表9-7　　　中国于印度交通基础设施投资额比较（2011～2013年）　单位：亿人民币

国家	2011年	2012年	2013年
中国	27766	30439	36329
印度	2201	3066	3107

注：基于2011～2013年人民币与印度卢比汇率计算。
资料来源：（1）Infrastructure statistics 2014, Ministry of Statistics & Programme Implementation.
（2）国家统计局. 中国统计年鉴［M］. 中国统计出版社，2012～2014.

二、亚洲地区交通网络的建设

随着中国与东盟国际（地区）、印度与东盟国家（地区）等多个亚洲域内自由贸易协定的达成，亚洲经济开始迅速发展，域内贸易日渐活跃。因此，亚洲各国对交通、特别是内陆运输日趋重视，开始致力于建设跨国交通网络。目前，中国和以中南半岛为中心的东盟对跨境运输发展最为积极。

为加速中西部内陆地区成为新的经济增长点，中国已开始建设从东部沿海到内陆的交通网络。同时，为开拓新的海外市场，亚洲各国开始通过合作，积极推进亚洲各国交通基础设施的建设、升级和改造。例如，哈萨克斯坦与乌兹别克斯坦于 2008 年开始展开合作、建设与哈萨克斯坦连接的国际铁路运输通道，中国于 2002 开始，以公私合营的方式参与援助巴基斯坦瓜达尔深水港的建设等，以改善连结邻国的交通基础设施。

同时，为改善中国中西部地区的国际交通基础设施、缩小内陆与沿海经济增长的差距、加强与周边国家的经济关系、扩大贸易规模、确保石油进口通道的安全，中国于 2013 年提出基于"新丝绸之路"概念的"一带一路"倡议，进一步扩大了发展双边国际交通的内涵：建设以亚洲为起点，经俄罗斯，终到欧洲的国际运输通道。

"一带一路"倡议提出的背景可追溯至 20 世纪 90 年代中国与周边国家区域关系的变化。苏联解体后，俄罗斯和独联体各国分别与中国签署新的安全协议。1996 年和 1997 年，中、俄、哈、吉、塔五国领导人在上海和莫斯科分别签订了《中华人民共和国和俄罗斯联邦、哈萨克斯坦共和国、吉尔吉斯共和国、塔吉克斯坦共和国关于在边境地区加强军事领域信任的协定》和《关于在边境地区相互裁减军事力量的协定》，建立了"上海五国"会晤机制。2001 年，以"上海五国"为基础的上海合作组织（Shanghai Cooperation Organization，SCO）成立，乌兹别克斯坦、印度和巴基斯坦先后成为新会员国。伊朗、蒙古、阿富汗和白俄罗斯为观察员国。SCO 成为受到瞩目的亚洲地域内国际组织。随着近年来域内能源和农产品国际贸易的扩大，各成员国政府在贸易政策、国际物流基础设施建设等方面展开了合作，取得了一定成效。

2013 年 9 月，中国国家主席习近平对哈萨克斯坦进行了正式访问，在纳扎尔巴耶夫大学演讲时提出了基于 SCO 运作实绩的"一带一路"倡议，内容可概括为以下五点，其中第二点已成为"一带一路"倡议发展的蓝图。

第一，加强政府间政策的沟通和交流，促进区域经济融合与发展。

第二，开辟从太平洋到波罗的海的运输通道，改善连接东亚、西亚和南亚的交通运输网络。

第三，促进贸易和投资便利化。

第四，沿线国家双边本币互换、结算的范围和规模。

第五，加强沿线国家间的人员交流和交往。

目前，作为代表"一路"的"海上丝绸之路"重要组成部分，同时作为保障中国海运通道安全的具体措施，中国正在持续推进与相关国家开展海外港口的合作建设与运营，包括：（1）以中国进出口银行为融资方，中国多个建筑公司承建的斯里兰卡南部的汉班托塔港工程已进行到第二阶段，中国招商局港口控股有限公司在港口建成后持有管理运营权。（2）2013 年，瓜达尔港与新加坡港务集团合同到期，巴基斯坦政府将该港交由中国海外港口控股有限公司运营。中东的石油除经马六甲海峡外，可通过该港经内陆运抵中国内地。（3）中国与孟加拉国先后于 2016 年和 2018 年签署协议，通过提供贷款和建设资金的方式建设吉大港"中国经济工业园"和吉大港煤电项目。

与"海上丝绸之路"相比，以"丝绸之路经济带"为代表的"一路"取得了更多的成就。在中国对西部积极进行开发、扩大当地出口的同时，欧洲制造业的中心也从传统的素有"蓝香蕉①"之称的西欧向波兰、捷克、奥地利、罗马尼亚等中欧国家转移。对于中国西部和欧洲的内陆国家之间的贸易而言，海运可能并非最高效的运输方式。在"一带一路"倡议提出之前，重庆市于 2011 年首次开行了沿新欧亚大陆桥（china land bridge，CLB）运行，终到德国的国际铁路货运班列（internationalblocktrain，IBT）。随着市场需求的增加，中西部的主要城市相继开通了至欧洲和中亚多个城市的 IBT（见表 9 - 8）。

表 9 - 8　　　　　　　　　中国开行中欧班列主要城市

开行城市	主要经停国家/城市	全程（千米）	开通时间（年. 月. 日）
连云港	①哈萨克斯坦、俄罗斯、白俄罗斯、波兰、德国、荷兰 ②塔什干	①10900 ②5500	1992. 12. 1 2015. 11. 12
重庆	哈萨克斯坦、俄罗斯、白俄罗斯、波兰、德国	11179	2011. 3. 19
成都	①阿拉山口、哈萨克斯坦、俄罗斯、白俄罗斯、波兰 ②霍尔果斯、哈萨克斯坦、阿克套、巴库、波季、伊斯坦布尔	①9826 ②9250	2013. 4. 26 2016. 7. 30
郑州	①哈萨克斯坦、俄罗斯、白俄罗斯 ②哈萨克斯坦 ③哈萨克斯坦、俄罗斯 ④哈萨克斯坦、俄罗斯、立陶宛	①10214	①2013. 7. 28
苏州	满洲里、华沙	11200	2013. 9. 30

---

①　西欧经济和人口发达的香蕉型区域。以英格兰西北为西北点，东南至意大利米兰。包括伯明翰、伦敦、阿姆斯特丹、布鲁塞尔、鲁尔、斯特拉斯堡、苏黎世、都灵、米兰等城市。"蓝色"源于欧盟旗帜颜色。

开行城市	主要经停国家/城市	全程（千米）	开通时间（年．月．日）
义乌	①哈萨克斯坦、俄罗斯、白俄罗斯、波兰、德国、马德里 ②马扎里沙里夫（阿富汗）、哈萨克斯坦、乌兹别克斯坦	①13000 ②7500	①2014.1.20 ②2016.8.28
武汉	①乌鲁木齐、捷克、汉堡 ②乌鲁木齐、捷克、汉堡、里昂 ③俄罗斯、白俄罗斯、波兰、德国	①10863 ②11300 ③12000	2014.4.23 2016.4.6 2016.12.8
西安	①哈萨克斯坦 ②哈萨克斯坦、俄罗斯 ③哈萨克斯坦、华沙 ④哈萨克斯坦、布达佩斯	①2866 ②7251 ③9048 ④9312	①2013.11.28 ②③2016.8.18 ④2017.4.1
营口	①满洲里、俄罗斯（莫斯科） ②满洲里、俄罗斯（卡卢加） ③满洲里、华沙 ④满洲里、白俄罗斯 ⑤满洲里、斯洛伐克	①8230 ②8400 ③10500 ④8834 ⑤11000	2014.12.10 2015.10.23 2015.6.12 2015.6.25 2015.8.06
沈阳	满洲里、俄罗斯、白俄罗斯、波兰、斯洛伐克、匈牙利、奥地利、德国（汉堡）	11000	2015.3.11
大连	满洲里、俄罗斯	11000	2015.4.29

资料来源：笔者根据各种报纸所刊新闻整理。

　　"一带一路"倡议提出后，包括沿海地区在内的连云港市、郑州市、重庆市、成都市、西安市、武汉市、青岛市、义乌市、苏州市、广州市、大连市等城市先后开行了通向中亚、俄罗斯和欧洲的IBT。

　　1992年，以替代西伯利亚大陆桥运输国际中转货物为发展目标，连云港首先经CLB发送了至中亚的铁路货物。与此同时，集装箱船开始朝向大型化发展，海运联盟（Shipping Alliance）也于1998年开始进入市场，二者在提升了海运运力的同时降低了海运成本和运费。加之彼时中国铁路运输能力有限，且中国尚未与独联体各国达成通关协议。因此，该内陆通道长期以来并未引起关注。然而，连云港早期的跨境货物班列管理经验被运营IBT的城市，如重庆、成都、郑州、西安等城市采用和借鉴。

　　为促进"丝绸之路经济带"沿线国际交通基础设施的发展，2014年11月，中国国家主席习近平宣布将出资400亿美元成立"丝路基金"，"通过优先部署中国同邻国的铁路、公路等设施，实现亚洲互联互通"是基金重点支持的领域之一。

此外，截至 2018 年 6 月，亚投行的会员国已由创建时的 57 个增至 87 个。主要包括上合组织全部成员国和观察员国，东盟 10 国和欧盟 28 国中的 19 国。随着成员的逐渐增加，亚投行将对"丝绸之路经济带"的交通基础设施的建设产生积极的推动作用。

随着"一带一路"倡议的不断推进，中国内地通过公路、铁路和管道等陆路交通设施与东南亚、中亚、南亚、俄罗斯等周边地区和国家连结起来。亚洲交通网络正在形成以中国为起点，经邻国延至欧洲的格局。

另外，1992 年，亚洲开发银行（Asia Development Bank，ADB）倡议建立了位于中南半岛的大湄公河次区域（The Greater Mekong Subregion，GMS，包括泰国，柬埔寨，老挝，越南，缅甸、中国云南省和广西壮族自治区）合作机制，以加强域内各国间的经济联系，促进域内社会发展，推进跨国交通运输基础设施的建设。

除泰国外，位于中南半岛的其他东盟国家（地区）的陆路交通基础设施曾普遍发展缓满，无法满足经济增长的需要。区域内公路以单车道和土路居多，桥梁和铁路等设施发展缓。上述情况不仅提升了运输成本，降低了效率，更无法满足国际陆运的需要。现在，随着 GMS 经济的发展，中南半岛公路的东西走廊、第二东西走廊和南北走廊的建设正在推进中（见表 9-9）。近年来，中国开始致力于 GMS 的经济发展和基础设施建设。特别是中方参建的中南半岛南北走廊昆明—曼谷区间的道路和桥梁已经完工。此外，以昆明市和南宁市为起点，连结越南、老挝和缅甸等国主要城市的高速公路的中国境内段也已完工。

表 9-9　　　　　　　　　　中南半岛主要高速公路走廊

路线	起点	终点	主要节点
南北走廊	昆明	曼谷*	景洪、万象*****、彭世洛*
东西走廊	东河**	仰光***	车邦*****、孔敬*、夜速*、苗瓦迪***
第二东西走廊北线	归仁**	曼谷*	上丁****、波贝****
第二东西走廊南线	头顿**	波贝****	胡志明市**、金边****
南北走廊第 1 支线	桂林	河内**	友谊关、同登**
南北走廊第 2 支线	昆明	河内**	河口、老街**

注：*泰国城市 **越南城市 ***缅甸城市 ****柬埔寨城市 *****老挝城市。
资料来源：Asian Highway Route Map，United Nations ESCAP。

铁路方面，虽然中国与东盟轨距不同，但中国政府于 2005 年提出修建泛亚铁路云南—新加坡线路的计划，并提供相关资金。该线路规划总长 5500 千米，以中国云南省和新加坡为端点，连接河内、胡志明市、金边、曼谷、吉隆坡等东盟主要城市。目前，该铁路的中国境内段已开始建设。

三、对亚洲国家物流绩效指数的分析

随着亚洲各国经济的迅速增长境内、跨境交通基础设施的发展，域内物流随之日趋繁荣。2007 年，世界银行首次发布了"物流绩效指数"（Logistics Performance Index，LPI），以量化的方式评估各国的物流业发展情况。该指数于 2010 年起每两年发布一次，至 2018 年共发布 6 次。

该指数通过对一国"通关效率""基础设施情况""货运便利性""物流服务质量"、"货物跟踪与追溯"和"及时性"六个与物流相关的核心要素进行评估，六项的算术平均值即为 LPI 值。2018 年，中国排名第 26 位，印度排名第 44 位。在东盟的发展中国家中，泰国（32 位）和越南（39 位）排位较高，而柬埔寨、老挝等新兴国家排名相对较低，缅甸则从未进入前 100 位（见表 9 – 10）。

表 9 – 10　　　　中国、印度、东盟 LPI 指数（2007~2018 年）　　　单位：位次

年份	中国	印度	马来西亚	泰国	越南	印度尼西亚	菲律宾	柬埔寨	老挝	缅甸
2007	30	39	27	31	53	43	65	81	117	147
2010	27	47	29	35	53	75	44	129	118	133
2012	26	46	29	38	53	59	52	101	109	129
2014	28	54	25	35	48	53	57	83	131	145
2016	27	35	32	45	64	63	71	73	152	113
2018	26	44	41	32	39	46	60	98	82	137

资料来源：LPI 指数（2007~2018），世界银行。

此外，在与交通基础设施发展相关的"基础设施"指数方面，亚洲地区各国存在着显著差异（见表 9 – 11）。2018 年，中国在该项中排名第 20 位，之后依次为马来西亚（40 位）、泰国（41 位）和越南（47 位），印度排第 52 位，高于印度尼西亚（54 位）。

表 9 - 11　　　　中国、印度、东盟物流基础设施指数（2007 ~ 2018 年）　　　单位：位次

年份	中国	印度	马来西亚	泰国	越南	印度尼西亚	菲律宾	柬埔寨	老挝	缅甸
2007	30	42	28	31	60	45	87	81	120	145
2010	27	47	28	36	66	69	64	114	132	134
2012	26	56	27	44	72	85	62	128	106	133
2014	23	58	26	30	44	56	75	79	128	137
2016	23	36	33	46	70	73	82	99	155	105
2018	20	52	40	41	47	54	67	130	91	143

资料来源：历年 LPI 指数。

　　从时间上看，除中国保持较稳定的排位之外，其他国家的排位大多呈波动状态。尽管交通基础设施的发展与投资额无绝对相关的关系，但排位的变动表明，印度、马来西亚、老挝、柬埔寨、缅甸等国家对包括交通在内的基础设施（包括电力和工业用水等）投资，已落后于国内经济发展或国际贸易增长的需要。此外，作为近年来新的主要投资对象国，老挝和缅甸的排名长期低于 100 位，其交通基础设施建设并未满足诸多在两国投资的国外企业的需要。相比之下，中国对交通基础设施的投资已超越国内经济增长的需要。2013 年以来，中国在经济增速逐年降低的情况下增加了对交通基础设施的投资并收到了显著成效。

四、亚洲物流水平提高与日本海外企业

　　截至 2017 年 10 月，日本海外企业经营点已超 75000 个，超过 52000 个位于亚洲，超过 32000 个①位于中国内地。以中国为中心的亚洲是日本企业最重要的海外投资和经营区域。

　　根据日本经济产业省的调查结果，日本企业在亚洲的海外分公司收入中，当地销售额和出口至第三国所占的比例逐年增加（见图 9 - 4）。亚洲各国的经济增长提升了本地的消费能力，从而扩大了当地的市场规模。而各国物流服务水平的提高，使建立跨国供应链网络变得可能。因此，海外日本企业的销售额

　　① Annual Report of Statistics on Japanese Nationals Overseas. Consular Policy Division, Consular Affairs Bureau [R]. Ministry of Foreign Affairs of Japan. 2017：100 - 102.

不再依赖日本市场。

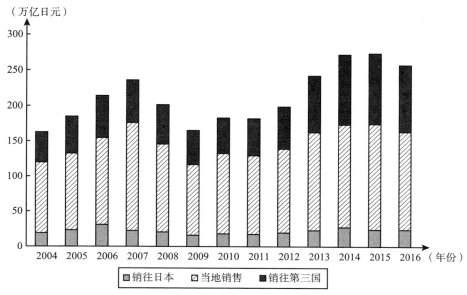

图 9 - 4　日本企业在亚洲的销售额（2004～2016 年）

资料来源：笔者整理。

目前，日本企业在亚洲最主要的海外投资地仍是中国，随着中国交通基础设施的不断发展，日本企业在中国的本地销售或采购原材料将更加便捷和灵活。自2010 年中国—东盟自由贸易协定全面启动以来，日本企业为分散投资风险，开始增加对东盟等其他亚洲国家的投资。另外，相比中国，印度、孟加拉国、中南半岛诸国具有人工、土地等方面低成本和投资优惠政策的优势，已成为外资主要流入地区。同时，这些地区年轻人口较多，近年来城市规模迅速扩大，已成为继中国之后又一个具有巨大潜力的市场。因此，上述地区物流水平的提高，将吸引更多日本企业的投资和进驻经营。亚洲物流的发展在促进当地经济发展的同时，不仅为日本企业带来更加便捷的域内运输服务，还将成为日本企业在亚洲拓展业务、扩大市场的重要基础。

第十章　东北亚国际交通基础设施发展与运营现状分析

——以中国、俄罗斯为中心

王柏菡　町田一兵

地处中国，日本，韩国和俄罗斯远东地区之间的东北亚，人口充足、资源丰富，近年来作为亚洲新的经济增长点而备受关注。1991 年苏联解体，"冷战"结束；1992 年，中、韩建交；2018 年，韩、朝正式结束敌对关系等重大事件，为该地区国际关系的改善和加强、区域经济的稳定增长提供了必要条件。

然而，该地区各国间关系仍较复杂，特别是中、俄两国曾长期对抗，造成双方铁路轨距不同和边境公路设施不良。国际交通基础设施的不足是限制该地区经济进一步增长的主因之一。在物流方面，除物流量增长之外，对于交货时间，震动，温度和安全性具有严格要求的货运已成为提升该地区物流业务和服务专业化水平的障碍。

一方面，有迹象表明上述情况已于近年有所改善。由于油价暴跌，以及遭受来自美国和欧盟的经济制裁，俄罗斯开始重视其远东地区在国内经济重建中的作用，致力于改善该地区交通基础设施。该国启动了建设符拉迪沃斯托克自由港和滨海 1 号、滨海 2 号国际运输通道计划，作为振兴远东地区经济的具体方针，并开始积极对东北亚的国际交通基础设施进行建设。

另一方面，中国为促进东北经济振兴，加强与俄罗斯陆路通道建设，正在积极发展以黑龙江省为中心的交通基础设施。同时，基于 2013 年提出的"一带一路"倡议，中国开始致力于国际货运班列的规划和运营，并于近年取得明显成效，以中、俄为中心的东北亚地区物流高速发展将指日可待。

一、中国东北亚地区国际交通现状

目前，已有多篇关于中、俄边境的东北亚国际交通基础设施发展的研究发表，主要围绕"建立符拉迪沃斯托克自由港，发展与之连接的绥芬河和图们江（平行于绥芬河通道）跨境运输通道相关设施（包括公路和铁路），以及开发俄罗斯相关港口"等课题展开讨论①。

　　日本学者新井洋史（2009）提出，建设以俄罗斯赤塔为起点，经后贝加尔斯克（俄罗斯）、满洲里（中国）、哈尔滨、绥芬河（中国）、格罗捷科沃（俄罗斯），终到符拉迪沃斯托克和纳霍德卡港的运输通道。此外，图们江运输通道可将蒙古首都乌兰巴托为作起点，构建一条经苏木贝尔（蒙古国）、阿尔山（中国）、长春（中国）、珲春（中国）至扎鲁比诺港（俄罗斯）的国际运输路线。本章对东北亚交通基础设施发展的研究主要包括中国和俄罗斯东北亚港口（符拉迪沃斯托克，纳霍德卡，东方港）。表 10 - 1 为中、俄两国目前在远东地区积极开发运的输通道。

表 10 - 1　　　　　　　　　　绥芬河运输通道和图们江运输通道

路线	起点	终点	主要节点
北线	赤塔*	符拉迪沃斯托克*、纳霍德卡*、东方港*	满洲里、哈尔滨、绥芬河
南线	乌兰巴托**	扎鲁比诺*、波西耶特*	阿尔山、长春、珲春

　　注：*蒙古国，**俄罗斯。
　　资料来源：笔者根据新井洋史. 北東アジア域内物流を担う輸送回廊整備の動向と政策的対応に関する考察［J］. ERINA REPORT, 2009（89）：51 - 63.

二、俄罗斯东北亚交通基础设施发展现状

　　俄罗斯在基础设施方面的发展主要集中于建立符拉迪沃斯托克自由港以及实施滨海 1 号和滨海 2 号国际运输通道开发计划。2015 年 7 月 13 日，俄罗斯总统签署了《符拉迪沃斯托克自由港法》，成为自由港的开发与建设的依据与保障②。根据该项法律，俄罗斯从扎鲁比诺到纳霍德卡的东北亚南部的主要港口、符拉迪沃斯托机场，以及滨海 1 号和滨海 2 号国际运输通道计划建设的区域，均被指定为自由贸易区。

---

① 新井洋史. 北東アジア域内物流を担う輸送回廊整備の動向と政策的対応に関する考察［J］. ERINA REPORT, 2009（89）：51 - 63.
② 中国巴罗夫斯克总领馆经商室. 俄符拉迪沃斯托克自由港相关法律核心政策要点［OL］. http：//khabarovsk. mofcom. gov. cn/article/ztdy/201609/20160901397866. shtml.

符拉迪沃斯托克自由港区实施特定法律，本国及外国的企业法人和个体经营者均享受一系列优惠政策，如企业税费和职员社保减免，贸易货物通关便利化，签证手续简化。同时，区内行政手续也将大幅度简化。俄罗斯将以建设自由港为基础，通过发展与中国连结的运输通道和提升物流服务水平等，不断促进其远东地区的经济发展。

滨海 1 号和滨海 2 号国际运输通道规划是俄罗斯政府为促进其远东沿海地区发展而制定的交通运输通道建设的整体方案。其中，滨海 1 号以加强符拉迪沃斯托克—纳霍德卡—东方港的联系、并建设向西跨境至中国黑龙江省绥芬河市的交通基础设施为核心；而滨海 2 号规划了连接俄罗斯远东沿海地区的扎鲁比诺港、波西耶特港和斯拉维扬卡港与中国吉林省珲春市之间的国际运输通道的基础设施发展方案。

目前，以提升符拉迪沃斯托克自由港的区域枢纽功能为前提，俄罗斯相关部门在对上述交通运输通道的设施展开建设的同时，还积极推出了吸引货源的各种政策。俄罗斯铁路股份有限公司为推动符拉迪沃斯托克港和周边港口的铁路货运发展，向中国和韩国提供了灵活的铁路运行时间规划和运费减免政策，同时，俄罗斯海关和检验检疫部门也给予来自中韩的过境货物与进出口货物相同的通关和检验检疫便利化服务[①]。

近年来，俄罗斯位于东北亚的主要港口及相关企业的运营实绩为以下三个港口。

1. 纳霍德卡港

纳霍德卡渔港股份有限公司于 2015 年与大连港集团签订了合作协议，大连港表示了对纳霍德卡港口的升级改造与实现物流流程效率化的兴趣。此外，根据普京政府重振远东地区渔业的政策，纳霍德卡港从俄罗斯国内需求出发，为通过铁路冷冻集装箱向国内运输海产品，计划建立一个容量为 1 万 ~ 1.2 万吨的冷冻仓库。

2. 东方港

在东方港运营的 VSC/VICS 股份有限公司是一家集装箱装吞吐量居于东北亚首位的海运公司。目前该公司已建立了连接中国、韩国、日本和美国的国际定期航线，以及停靠库页岛—马加丹—堪察加的鄂霍次克海航线。该公司将以此为基础，致力于发展国际海运业务。

---

① 笔者当地访问，2016 年 3 月。

3. 符拉迪沃斯托克港

符拉迪沃斯托克商业港股份有限公司是东北亚第二大海运集装箱运输企业。目前每周有 12 班次集装箱货运班列从商业港始发，目的地包括莫斯科，圣彼得堡，新西伯利亚，叶卡捷琳堡和乌兹别克斯坦。此外，该港有通往中国，韩国和日本的 9 条国际定期航线和连结马加丹，堪察加，萨哈林（科尔萨科夫），楚科奇（阿纳德尔）的 4 条国内航线。基于上述发展，从 2016 年 4 月起，绥芬河—符拉迪沃斯托克每周一班的国际集装箱班列开行，中国的出口货物经由符拉迪沃斯托克港经西伯利亚铁路运送至莫斯科和欧洲。此外，中、俄出口至韩国的货物也经该港由海路送达。符拉迪沃斯托克港跨境联合运输的发展，将带动该港的运输量持续增长。

上述情况表明，俄罗斯远东的主要港口为提升国际货物吞吐量均采取了积极的措施，各港之间对货源的竞争也日趋激烈。因此，一些港口企业（东方港和符拉迪沃斯托克港）为扩大经由本港的东北亚国际物流业务，采取了为国际货物提供优先装卸服务，并对其港口费用实施减免政策。

三、中国东北交通基础设施发展现状

中国东北的国际交通基础设施发展覆盖多个方面，包括铁路，公路，港口等。自 2004 年中国发布《中长期铁路网规划》以来，中国铁路发展以该计划为方针持续推进。该规划发布以来经多次修订，最新版于 2016 年 7 月发布，通常称为"八横八纵"规划。根据该规划，2013 年 4 月，哈大高铁（大连—哈尔滨）开通，东北各主要城市（哈尔滨市、长春市、沈阳市、大连市）接入国家高铁网。哈大高铁的开通在加速东北地区人口流动的同时也分流了普通铁路的客运量，使普通铁路的货运计划更加灵活，其货运量随之明显提升。除普通货物运输外，大连铁路集装箱中心站于 2016 年 8 月在全国首次发出整列冷藏集装箱的中欧班列（至莫斯科）。

此外，作为传统对俄贸易基地的黑龙江省于 2013 年获批《黑龙江和内蒙古东北部地区沿边开发开放规划》（以下简称《规划》）。该《规划》提出了对黑龙江省的公路和铁路的建设、升级和改造方案。公路方面，该《规划》提出建设以哈尔滨市为起点，终到中、俄边境的多车道公路，形成以哈尔滨为轴心、绥满高速公路为轴边、连接边境口岸高速公路为骨架、沿边高等级公路为弧线的扇形公路网。同时着力改善该地区的地区和村庄等行政区域的道路通行环境。铁路方面，该《规划》要求对既有铁路进行升级改造，构筑以哈尔滨为枢纽，绥芬河—满洲里铁路为主通道的扇形放射铁路网。

同时，东北地区主要港口也在稳步发展，为实现将大连港建设成为东北亚枢纽港的目标，除加强大连港作为往来日本货物的转运中心地位之外，在当地政府的和企业的协助下，大连港从 2016 年 1 月起开通了韩国经由该港与俄罗斯往来贸易货物的海铁联运转运通道。

四、中、俄国际交通现状

随着交通基础设施的发展和港口功能的加强，近年来，作为中俄国际联运的发展新方向，位于东北亚的中国东北地区以"一带一路"倡议为纲，积极推动国际货运班列运营，促进国际物流发展。

2013 年，"一带一路"倡议的提出带动了经阿拉山口和霍尔果斯的中欧班列的运营，东北地区以"营满欧（营口—满洲里—莫斯科）"为代表的中欧班列运营始于 2014 年。截至 2018 年 9 月，中欧班列（俄罗斯方向）已在沈阳市、大连市、哈尔滨市、营口市、绥芬河市、赤峰市、通辽市 7 个城市实现了稳定开行，东北全境共发车超过 1200 班次，对区域国际物流的发展具有明显带动作用（见表 10 - 2）。目前，始发于营口市、哈尔滨市、沈阳市、长春市、大连市、绥芬河市的定期班列中，部分线路已从运营出口货物班列发展为同时运营进、出口货物班列。除绥芬河市外，上述其他城市定期班列运输的货物均在满洲里换装至俄铁运输，目的地包括俄罗斯和其他东、中、西欧国家。

表 10 - 2　　　　　　　中国东北开行中欧班列的城市列表

运营城市	始发地及主要经停站点	里程（千米）	开通时间（年.月.日）	运程所需时间
营口	营口、满洲里、俄罗斯（莫斯科）	8230	2014.12.10	12 日（莫斯科）
	营口、满洲里、俄罗斯（卡卢加）	8400	2015.10.23	13 日（卡卢加）
	营口、满洲里、华沙	10500	2015.06.12	14 日（华沙）
	营口、满洲里、白俄罗斯	8834	2015.06.25	10 日（白俄罗斯）
	营口、满洲里、斯洛伐克	11000	2015.08.06	15 日（斯洛伐克）

续表

运营城市	始发地及主要经停站点	里程 （千米）	开通时间 （年.月.日）	运程所需时间
哈尔滨	哈尔滨、满洲里、汉堡 哈尔滨、满洲里、叶卡捷琳堡	9820 5889	2015.06.13 2016.02.27	15 日 10 日
沈阳	沈阳、满洲里、俄罗斯、白俄罗斯、波兰、 斯洛伐克、匈牙利、奥地利、德国 （汉堡）	11000	2015.03.11	至满洲里约 26 小时 到达汉堡共需 12 ~ 14 日
大连	大连、满洲里、俄罗斯	11000	2015.04.29	18 日
长春	长春、满洲里、布列斯特、施瓦尔茨海德	9800	2015.08.31	14 日
绥芬河	绥芬河、符拉迪沃斯托克、釜山	629 （包括海运）	2015.08.05	绥芬河—符拉迪沃 斯托克需 2 日 符拉迪沃斯托克— 釜山需 2 日

资料来源：笔者整理。

　　从贸易货物品类分析，以机械，零部件和电子设备为主的工业产品是经东北线中欧班列出口的主要商品，而进口商品则多为汽车零部件。从产地属性分析，主要出口商品，包括电子产品、医疗器械、服装等，并非东北地区的主要产品（见表 10－3）。因此，该地区中欧班列发车数的持续增长和货物的多样化得益于在吸引外地货源方面的成功。

表 10－3　　　　　　　　　中国东北地区 CLB 的主要运输货物清单

运营城市	主要运输货物
营口	长三角地区转运货物、牙膏、自行车、升降机、成品车
哈尔滨	电子零部件及成品、液晶显示器、汽车零部件、小型电器、医疗器材、服装、化工原料
沈阳	出口货物：沈阳及周边机械零部件产品、华中地区日常生活用品、针织品、日韩转运货物 进口货物：宝马汽车零部件、纸浆
大连	长三角地区转运货物、日韩转运货物
长春	电子零部件、小型电器、汽车零部件、服装、大型机械设备
绥芬河	黑龙江的农产品和木材

资料来源：笔者整理。

除具有区位优势的营口市和绥芬河市外，哈尔滨市、沈阳市、长春市的出口货物结构相似，加之东北地区产业结构较单一，出口导向产业较少。因此，提高集货能力是三个城市中欧班列未来发展所需面对的最重要课题。另外，如何吸引来自长三角和日韩的过境货物是大连港需面对的课题。2016 年 10 月，大连市获批为汽车平行进口试点城市，未来将在东北地区整车运输中居于主导地位。

然而，尽管中欧班列具有缩短交货时间的优势，然而其运费远高于海运。因此，包括东北在内的各地中欧班列的运营主体均将提供货运补贴作为吸引货源的主要手段。目前，在众多的经营中欧班列的城市中，较有长远发展潜质的城市是营口和绥芬河。

在运营主体提供较少补贴的情况下，"营满欧"盈利却能力居于全国前列。因营口市是东北地区最靠近满洲里的港口，具有陆运区位优势。此外，营口市是中国北部具有最多国内定期海运航线、海运运费最低的港口。因此，营口市具备集结以上海市为中心的华东地区和以广州市为中心的华南地区大量货物的优势。另外，与其他开行至欧洲、俄罗斯的中欧班列不同，绥芬河市地处临近俄罗斯港口的中、俄边境。货物运至俄方边境后由俄铁承运至俄方港口装船，分别运至日本、韩国、或国内华东、华南等地的港口。

此外，与东北其他中欧班列不同，经绥芬河班列运载的货物多为内陆地区的农林产品，相比传统的经大连港的运输路线，绥芬河路线具有交割时间少和运输成本低的优势，有可能成为与东北亚经济振兴密切相关的物流通道。

由于绥芬河始发的跨境班列主要运段在俄罗斯境内，俄罗斯海关已从中国取得过境货物的免检验检疫许可，中国政府也制定了可经由俄罗斯的"过境运输"政策，如货物目的地为华东、华南等地，则视其为内贸货物。2018 年 8 月，中国海关总署批准了经珲马铁路（珲春—马哈林诺）至扎鲁比诺港开展内贸运输的跨境海铁联运业务，一条经珲春—扎鲁比诺港—釜山—宁波—釜山—扎鲁比诺港—珲春，往返周期约为 15 天的海铁联运物流通道开始成型。

因此，上述运输线的运营定期化，使位于内陆地区的黑龙江省和吉林省可通过发展集装箱的海铁联运业务，提高中国东北的商品价值和拓展俄罗斯远东港口的海运辐射能力。

五、新自由贸易试验区的设立对东北亚国际交通的影响

2016 年 9 月，位于中国东北沿海的辽宁省被指定为新第三批自由贸易区试验

区（以下简称"自贸区"）之一。2013 年 9 月，中国首个自贸区成立于上海市，片区内实施包括进口商品零关税、人民币自由兑换、投资和税收优惠等多项优惠政策。其中，最具特色的是采用"负面清单"的管理模式，在此之前，政府以"正面清单"模式进行管理，宣布了可投资经营的行业、领域、业务等，对清单以外的行业等，采取依情况决定是否授权经营的方法。新政策则以清单方式明确列出区内禁止和限制投资经营的行业、领域、业务等，清单以外的行业等皆可依法进入区内。

继上海市后，2015 年 4 月，广东省，天津市和福建省被指定为新第二批自贸区。2016 年 9 月，辽宁省、浙江省、湖北省、重庆市、四川省、河南省和陕西省七省市获批第三批自贸区。2018 年 10 月，海南省作为第四批自贸区获批。各自贸区通过在贸易便利化、投资便利化、提升行政效能等方面的探索，形成可复制并推广到全国的经验。

前两批自贸区均位于沿海经济发达地区。而第三批自贸区不仅包括中、西部五省（市），也包括位于东北的辽宁省。在辽宁省获批的自贸区方案中，省内三个片区分属运营中欧班列的沈阳市、大连市和营口市三市。以上海市为首的东部沿海地区在实施"负面清单"管理模式后，对吸引外资、提高行政效率等方面起到了一定的促进和推动作用，使"负面清单"模式成为后续自由贸易试验区的运行标准之一。东北和中西部地区在复制上述成功经验的基础上，将在吸引国内外企业、振兴上述地区高新技术产业（国内企业可在自贸区内注册、生产和运营）等方面取得进展。

从辽宁省自贸区实施方案可知，随着辽宁省自贸区的辐射带动作用扩展到东北全境（东北三省和内蒙古自治区东四盟），黑龙江省与吉林省陆路口岸均可复制辽宁省自贸区的政策制度，预计未来东北全境的中欧班列可与本地区新兴的产业集群协同发展的效应。

六、中、日、韩、俄未来在东北亚物流发展的前景

2015 年 8 月 5 日，由中国一家大型货运代理公司成功试运行了从哈尔滨站出发，经中俄边境的绥芬河站转运俄罗斯符拉迪沃斯托克港装船，最终到达釜山的中欧国际联运班列（运输过程中集装箱中的货物无需分拆）。试运行成功后，该线路从 2016 年 3 月 30 日起开始每周一班的常态化运营，较传统经大连出海的路

线，这一通道的开辟大幅度缩短了货物从黑龙江省运至韩国釜山的时间。

日本于 2011 年开通了始发于新潟港，经扎鲁比诺港至黑龙江省和吉林省的日本海跨境航线。在运营此航线的基础上，随着中国开通东北—俄罗斯—釜山航线，日方也开始考虑将该航线延至日本海港口。随着日本海一侧东北亚运输新通道的形成，相关各方的经济联系将在原有基础上进一步强化。

中国将在中、俄边境附近建立最北端的国际运输通道，同时，俄方基于再开发该国远东地区的规划，将与中国建立该区域协同合作体系。此外，中、韩自由贸易协定（FTA）的生效和韩国对俄罗斯的重视等因素，将成为东北亚各国政府推动该地区国际交通运输基础设施的建设、开发与使用的促进因素。基于上述发展，日本将抓住以日本海为中心的东北亚运输通道的建设与发展的机遇。地处中日韩俄之间的东北亚将以交通设施的发展和新物流通道的建设为契机，促进区域经济的活力。

朝鲜半岛的和平将为东北亚交通运输的发展带来新机遇。2018 年 11 月起韩国与朝鲜《关于落实板门店宣言中军事领域共识的协议》生效，两国停止敌对状态。2007 年曾一度恢复通车的京义线（朝鲜新义州—韩国首尔）如再次恢复通车，将有可能使中朝边境的港口、且有铁路与新义州相连的丹东在未来东北亚国际陆海联运中发挥更积极的作用。

第十一章　推进东北亚国际陆、海联运合作的意义与对策建议

朱永浩

　　随着"一带一路"倡议的提出以及中、蒙、俄经济走廊的具体落实，中、俄两国政府不断地推进中国东北地区与俄罗斯远东地区的开发与合作，为经由俄罗斯西伯利亚铁路和远东地区港口的中国货物过境运输合作带来了诸多的发展机遇。特别是中国东北铁路网与俄罗斯西伯利亚铁路的国际联运通道的开辟，将对该区域经贸合作的进一步发展起到重要的牵引拉动作用。中、蒙、俄经济走廊的建设也为位于重要节点的中国黑龙江省提供了前所未有的历史发展机遇。由于黑龙江省地处中国东北内地，在与日本、韩国的经贸合作关系方面相较于地处沿海的辽宁省相对劣势。如何突破这一限制？打通经俄罗斯远东铁路和港口的国际运输通道，缩短黑龙江省至日、韩间的运输距离以及降低运输物流成本显得尤为重要。

　　绥芬河市是中国黑龙江省与俄罗斯远东地区交界的重要边境城市，也是距离俄罗斯符拉迪沃斯托克等远东港口最近的中国城市。绥芬河市现已成为东北亚地区的陆路交通枢纽。可以说，将绥芬河市设为国际物流新通道的起点城市是民心所向。通过陆路将东北地区的货物运输至绥芬河市，然后经俄罗斯远东地区的铁路和港口运到日本、韩国等其他地区的国际运输通道的设想，在 2014 年实施的陆、海联运实验中得到了验证。本章将在论证东北亚陆、海联运国际运输通道建设的必要性的基础上，通过对该实验项目取得的成果及存在的问题进行分析总结，提出今后进一步发展东北亚国际陆、海联运通道建设的建议。

一、东北亚陆、海联运国际运输通道建设的必要性

（一）东北亚运输走廊概要

2002 年，为实现东北亚地区人员和物资的平稳流动与流通，由东北亚各国

专家学者组成的"东北亚经济会议组织委员会运输·物流常设分科会"共同参与研究了东北亚运输·物流通道问题。如表 11-1 所示，东北亚各国专家对打造"东北亚运输走廊"的构想达成一致，作为该分科会主要的研究成果，这一运输走廊由各国共同建设并由 9 条特定的线路构成。

　　东北亚运输走廊未来构想的一大特点在于力求消除各线路上（主要在边境地区）阻碍运输畅通的 4 大"不连续点"。具体包括：（1）由于铁路·公路无法接续而形成的"不连续点"；（2）由于铁轨轨距的差异而形成的"不连续点"；（3）由于国境的 CIQ（海关/出入境管理/检验检疫）不畅通而形成的"不连续点"；（4）由于跨境运输车辆运营范围受限而形成的"不连续点"。可以看到，（1）与（2）的起因在于"硬基础设施"（硬件），而（3）和（4）的起因在于"软基础设施"（软件）。因此不难想象，"运输走廊未来构想"中的运输走廊必将拥有兼具"软、硬"的综合性基础设施。

表 11-1　　　　　　　　　　　　**东北亚运输走廊的概要**

序号	运输走廊
①	瓦尼诺—波谢特运输走廊（瓦尼诺—泰舍特—SLB）
②	西伯利亚大陆桥（SLB）运输走廊（俄罗斯滨海边疆区港口—欧洲）
③	绥芬河运输走廊（俄罗斯滨海边疆区港口—绥芬河—哈尔滨—齐齐哈尔—满洲里—SLB）
④	图们江运输走廊（图们江地区—长春—蒙古东部—SLB）
⑤	大连运输走廊（大连—沈阳—长春—哈尔滨—黑河—布拉戈维申斯克—SLB）
⑥	天津—蒙古运输走廊（天津—北京—乌兰巴托—SLB）
⑦	中国大陆桥（CLB）运输走廊（连云港—中国西部—哈萨克斯坦—欧洲）
⑧	朝鲜半岛西部运输走廊（釜山—首尔—平壤—新义洲—沈阳—哈尔滨—SLB）
⑨	朝鲜半岛东部运输走廊（釜山—罗（津）先（锋）—哈桑—乌苏里斯克—SLB）

　　注：SLB 是 Siberian Landbridg 的略写，指西伯利亚大陆桥。
　　资料来源：北東アジア経済会議組織委員会運輸·物流常設委員会. 北東アジア輸送回廊ビジョン[J]. ERINA，2002（1）：2.

　　表 11-1 的序号②、③、④、⑤、⑧、⑨线路也被纳入联合国开发计划署"大图们倡议（Greater Tumen Initiative：GTI）"的框架内进行规划建设。GTI 是由中国、蒙古国、韩国以及俄罗斯 4 国组成的政府合作组织。该合作框架于 20 世纪 90 年代初为开发流经中、朝、俄三国的图们江而发起建立。经过多年发展，覆盖范围不断扩大，推动了各地区在运输、观光等主要方面的开发合作。GTI 正

致力于积极推进运输领域各方面的合作。这些国际通道中的多条都将通过俄罗斯境内，不仅可以将其视为各国同俄罗斯之间的双边贸易通道，同时还可作为经由俄罗斯抵达第三地的中转运输通道，全面发挥其作用。虽然这些运输走廊位于陆地，但由于各通道的起点或终点都是港口城市，因此，通过陆运的配合、连接各港口海运的联运模式作为推动物流发展的重要方向被纳入规划之中。

尤其是表 11－1 中的序号③、④两大通道，可以看到这两条通道的东半部均从中国内陆出发，经由俄罗斯远东沿海港口，再通过海路连接日本和韩国，是典型的国际陆海联运通道。中国方面将横贯黑龙江省的线路③称为"绥芬河运输走廊"，将横贯吉林省的线路④称为"图们江运输走廊"。而这两条线路在俄罗斯方面则分别被称作"滨海 1 号"和"滨海 2 号"，从名称上不难看出，国际陆海联运通道受到了各方高度关注和重视。

（二）东北亚国际陆海联运通道经由俄罗斯的意义

首先，从社会的角度看，可降低温室气体的排放量，为改善地球环境和发展低碳运输做出贡献。相较经渤海湾的运输线路，该通道最大的特点是大幅度缩短了运输距离。此外，比较陆运和海运在各自线路中所占的比例会发现，经由俄罗斯的东北亚国际陆海联运通道更为均衡，这意味着交通工具也能够向环保低耗转型，而其转型的结果则与降低温室气体的排放息息相关。

其次，从货主企业的立场来看，经由俄罗斯的东北亚国际陆海联运通道可缩短运输时间，运输时间的节省会间接提升效率，降低物流成本。除此之外，物流量达到一定程度后，会形成一定的经济规模，届时运价水平下调所带来的物流成本的直接降低也值得期待。

最后，对于东北亚国际陆海联运通道的起、终点以及包括经由地在内的沿线各地区的经济而言，如何振兴相关企业并激发经济活力也值得瞩目。国际陆海联运通道的开辟不仅实现了制造业的降本增效，也为物流业和相关服务业扩大商机开辟了一条新路。在经由俄罗斯的东北亚国际陆海联运通道中，以绥芬河为中方起点的线路具有其他线路所不具备的诸多优势，在这条线路上的诸多先行举措可视为推进整个东北亚运输走廊未来构想的试金石。

（三）以绥芬河为起点的国际陆海联运通道

1. 绥芬河市概况

绥芬河市位于黑龙江省东南部，距黑龙江省省会哈尔滨市 460 公里，是绥满高速公路的起点和滨绥铁路的终点。东与俄罗斯远东铁路接轨,距俄罗斯对应口岸站格罗捷阔沃 26 公里,距俄远东铁路枢纽乌苏里斯克 120 公里。毗邻俄罗斯远东南部港口群,距俄远东重镇符拉迪沃斯托克市 230 公里,距传统欧亚大陆桥桥头堡纳霍德卡 369 公里。绥芬河市是欧亚大陆桥连接中国、俄罗斯、日本、韩国以及亚太等国家和地区的重要国际口岸,是陆海联运大通道上的重要节点。

绥芬河拥有铁路、公路两个国家一类口岸。目前,口岸过货过客量居全国边境口岸第四位。多年来始终占黑龙江省 25 个口岸进出口总运量的 70% 以上,出入境旅客占全省的 50% 以上。近年来,基于"中俄外"(中国—俄罗斯港口—第三国)、"中俄中"(中国—俄罗斯港口—中国沿海地区)的战略构想,以绥芬河为起点的陆海联运经过多次试验已取得了初步成果。1996 年 11 月,首批 960 吨工业水洗煤从绥芬河口岸出境,经俄罗斯纳霍德卡港装船运往日本和韩国。从 1996～2005 年,经绥芬河口岸的陆海联运货物达到 140 万吨。过去黑龙江省的对日韩运输主要经大连,不仅与日本、韩国的经济交流运距长,而且不利于发挥中俄经贸合作的优势,而哈尔滨—绥芬河—东方港(俄)—日本的线路在投入使用后,运距可缩短 1000 多公里,该通道可进一步推动黑龙江省与俄罗斯远东地区、日本以及韩国的经贸合作与交流。

2. 绥芬河运输走廊的现状

(1)绥芬河运输走廊概要。绥芬河运输走廊(表 11 – 1 中的线路③)自俄罗斯远东地区港口起,途径俄罗斯的波格拉尼奇内(格罗捷阔沃)、黑龙江省的哈尔滨市、绥芬河市、内蒙古自治区的满洲里市、延伸至俄罗斯的赤塔—后贝加尔斯克,与俄罗斯西伯利亚铁路连接,统称为绥芬河国际运输通道。当前使用该通道进行运输的实例较少。经连接中国和俄罗斯西伯利亚以东的运输通道实例较多,或在连接中国和俄罗斯远东地区的诸多运输通道之中,根据实际情况及用途选择其一。本章的研究对象主要为该走廊中的中俄国境线(绥芬河—格罗捷阔沃)至俄罗斯滨海边疆区港口—陆路部分以及海路运输区间。

(2)乌苏里斯克—格罗捷阔沃—绥芬河铁路。乌苏里斯克—格罗捷阔沃—绥芬河铁路始建于 20 世纪之初,至今已经超过百年,全长 123 公里,除大约 6 公里在中国境内外,其他大部分在俄罗斯境内,历史上是俄罗斯远东地区第一条干线铁路。其中包括:①格罗捷阔沃—绥芬河 26 公里。由于受当时技术水平和财力所限,加之地形比较复杂,坡陡弯多,线路条件很差,仅为Ⅱ级标准。20 世纪 50 年代为了适应当时中苏贸易的需要,将原来的宽轨改建成现在的宽准轨跨行,尽管宽准轨列车都可以行驶,但实际上只能作为一条单线使用,年输送能力约 700 万吨，是目前中、俄之间最薄弱的限制区段。②乌苏里斯克—格罗捷阔沃 97 公里。其年输送能力 1500 万吨左右。宽轨内燃机车牵引，由于绕开了两国交界处的山岭地段，地势比较平缓，线路技术条件较好。

（3）绥芬河口岸站通关能力不足问题及扩能改造的方案。在中、俄罗斯边境铁路区间内的货物运输，原则上是由出口国将货物运输到对象国边境的车站，并在车站进行货物的换装。然而，货物换装能力的极度不足成为当下急需解决的难题。格罗捷阔沃站位于俄罗斯边境城市波格拉尼奇内，西距绥芬河直线距离十多公里。和绥芬河口岸站一样，主要服务于中、俄贸易，承担中、俄客货列车的始发、终到、解体、编组、换装以及各项通关作业。

绥芬河口岸分南北两站场，主要承担客货列车的始发、终到、解体、编组、换装以及各项通关作业。由于站区内部调车作业复杂、相互干扰严重，进一步降低了操作效率，造成车站处理能力不足。南场位于市区东南部，呈南北向布置，原有站线 14 条，由于受城市包围，发展余地很小。北场位于市中心区西侧，东西向布置，有站线 11 条，地势比较开阔，具备扩能改造空间。车站除增加到发、编解、换装线路以及升级机务、车辆等配套运营设施以外，还对站场布局、作业分工作了较大调整。但是由于原设计运量偏小，难以满足运量快速增长和今后长远发展的需要，在前后方线路扩能改造时还需进一步扩充。具体而言，首先是对站场的布局和分工制度作出调整。其次是在增加或延长各线路的同时扩充货物装卸设施的建设。

绥芬河口岸站通关能力不足已成为通道发展的瓶颈制约，须对本段线路进行大规模扩能提速改造。改造方案有两种：第一方案为"宽、准轨分开方案"。本方案需要在现有基础上将宽、准轨分开，由于轨距不同只能按两条单线使用。第二方案为"另建宽轨单线方案"，本方案的基本框架是既有宽、准轨跨行线不分开，另建一条宽轨单线。一条宽轨单线加上既有的宽、准轨跨行线。根据需求增长情况，今后还可以再将宽、准轨分开，形成三线（一条宽轨复线和一条准轨单线）。主要工程内容是宽、准轨分设，形成宽、准轨并行的复线。同时降低原有线路的限制坡度、放大最小曲线，与通向符拉迪沃斯托克港和东方港的干线铁路统一牵引定数。

3. 俄罗斯远东港口的定期航线

在以绥芬河市为起点的陆、海联合运输通道各环节中，从俄罗斯沿海港口始发的定期航线发挥着重要的作用。本节主要梳理以日本为起、终点进行货物运输时可使用的航线。

第一条航线为 JTSL 航线（Japan Trans – Siberia Line，JTSL）。这是一条由俄罗斯 FESCO 公司和日本三井商船共同运营的定期航线。俄罗斯停靠的港口为符拉迪沃斯托克港和东方港，日本停靠的港口依次为苫小牧、横滨、名古屋、神户、门司、富山。此航线由一艘船执行运输任务，每两周停靠一次港口。为了弥补停靠港口次数上的不足，还开通了中转釜山港的运输服务，两者形成合力并有机地融为一体，可以确保几乎每周都能提供运输服务。此航线的主要问题在于运输时间过长。即使是一头一尾的两次停靠（俄罗斯远东港口—苫小牧、富山—俄罗斯远东港口），仅单程运输就需要 2 天的时间，而停靠其他港口更是需要 4 ~ 7 天的时间。

第二条航线为 DBS 轮渡。韩国的 DBS 船运公司开通的是一条经由符拉迪沃斯托克—东海（韩国江原道）—境港（日本鸟取县）的定期航线。这条航线快速便捷，从符拉迪沃斯托克到东海需要 1 天，从符拉迪沃斯托克到境港只需要 2 天时间。同时，具备载客能力、定时定点、安全系数高也是这条航线的亮点。随着中—俄—日—韩联合运输的不断扩大，这条航线未来将发挥重要的作用。

第三条航线为釜山港转运航线。除上述两条线路，在执行往返于俄沿海港口至日本的集装箱货物运输时，还会经常用到釜山港转运业务。多家国内外船运公司开通了从符拉迪沃斯托克港、东方港出发到釜山港的定期集装箱货运航线。此外，日本国内有 60 多个港口开通了至釜山港的定期集装箱货运航线，并且能够保持每周至少一次的高频度，这表明釜山港转运业务适用于日本国内很多地区。釜山港转运业务的弱点在于运输时间长，最长可能需要 2 周时间。

第四条航线为横跨日本海航线。日本新潟县与新潟市当地经济界人士正带头致力于开通连接新潟港至俄罗斯远东港口的"横跨日本海航线"并试图扩大其适用范围。这条航线的前身可以追溯到 2011 年 8 月，当时为了货物方便往来，双方开通了新潟港—扎鲁比诺港的航线。然而由于种种技术原因的限制，实际货运运输的业绩始终不尽如人意。

4. 绥芬河运输走廊的优势

在中国沿边重要陆路口岸中，满洲里与绥芬河位于滨州、滨绥铁路的两端，最具相似性和可比性。经满洲里的对外运输通道主要是面对俄罗斯西伯利亚与欧洲方向，经绥芬河的对外运输通道主要是面对俄罗斯远东地区，毗邻俄罗斯远东港口群，连接日本、韩国各主要港口、中国南方沿海以及亚太地区。这两大口岸，尤其是绥芬河口岸，与东北地区其他口岸城市相比，优势和潜力更加明显。绥芬河口岸所具备以下三方面优势。

第一，运输服务范围广。由于绥芬河口岸内外畅通，通海达洋，对内除服务于黑龙江省以外，还包括东北和华北各省区；对外除俄罗斯远东地区外，通过符拉迪沃斯托克港可直达日本、韩国和亚太地区其他国家，这是其他沿边内陆口岸所不具备的区位优势。

第二，运输距离短。从哈尔滨算起，经绥芬河到符拉迪沃斯托克仅768公里（见表11－2）。内陆货物经哈尔滨、牡丹江、绥芬河口岸，通过俄罗斯远东海港运往世界各地，具有运距优势。如：哈尔滨的货物经俄罗斯远东港口运到韩国釜山港比经大连港运距缩短约200公里，到日本新潟则可缩短约1600公里（见表11－3）。此外，到横滨可缩短约740公里，到美国西海岸则可缩短约2000公里。从黑龙江省东部地区计算，差距则更加显著。牡丹江的货物经俄远东港口至韩国釜山比经大连港运距缩短约900公里，到日本新潟缩短约2300公里。从牡丹江市经绥芬河、符拉迪沃斯托克到上海市、广州市，比陆路运输分别节省820公里和1100公里。

表11－2　　　　　　　　**黑龙江省主要城市至出海港口的距离**　　　　单位：公里

	齐齐哈尔	哈尔滨	牡丹江	港口
绥芬河方向	1038（1083）	768（738）	413（399）	符拉迪沃斯托克（俄）
图门方向	1032（1168）	762（823）	407（455）	罗津（朝）
大连方向	1157（1345）	929（1000）	1277（1339）	大连（中）

注：括弧外为铁路距离，括弧内为公路距离。
资料来源：笔者整理。

表11－3　　　　　**黑龙江省到达目的港口不同经路的全程运输距离比较**　　　单位：公里

港口名称	齐齐哈尔			哈尔滨			牡丹江		
	符拉迪沃斯托克	罗津	大连	符拉迪沃斯托克	罗津	大连	符拉迪沃斯托克	罗津	大连
釜山	1981	1959	2163	1711	1689	1935	1356	1334	2283
新潟	1870	1930	3443	1600	1660	3215	1245	1305	3513
横滨	2771	2972	3469	2501	2702	3241	2146	2343	3539
中国香港	3668	4032	3486	3418	3762	3258	3063	3407	3556
新加坡	6088	6573	6002	5818	6303	5774	5463	5948	6972
西雅图	8739	8742	10614	8469	8522	10386	8114	8138	10684

资料来源：笔者整理。

　　第三，运输通道的货物吞吐能力强。与绥芬河口岸相连的是绥滨、滨洲铁路和绥满高速公路主干线。绥满高速公路作为全国公路主干线的重要组成部分，连通黑龙江省牡丹江、哈尔滨、大庆、齐齐哈尔等4个主要城市，向西延伸可连通蒙东地区。

　　第四，港口具备区位优势。符拉迪沃斯托克港、纳霍德卡港和东方港是俄罗斯远东地区最大港口群。距绥芬河约200～400公里（见表11-4），吞吐能力6000多万吨。其中符拉迪沃斯托克港位于金角湾北岸，现有16个深水泊位，年吞吐能力为1000万吨左右。纳霍德卡港和东方港的年吞吐能力分别为2000万吨和3000万吨。以上三个港口均可接纳5万～10万吨的大型船舶。

表11-4　　　　　　　　　东北亚区域内主要港口基本情况比较

港口名称	码头岸线长度（米）	深水泊位（个）	最大靠泊能力（万吨）	航道水深（米）	年吞吐能力（万吨）	年吞吐量（万吨）
大连	15000	39	15～20	17.5	9889	9088
符拉迪沃斯托克	4200	16	5～8	20～33	6000	3000
东方港	3461	17	8～10	20～33		
纳霍德卡	3560	15	8～10	20～33		
扎鲁比诺	6500	4	2～3	10	120	30～40
罗津	2600	13	3～5	20	350	20
清津	3000	15	3～5	20	610	70

资料来源：笔者整理。

　　综上所述，扩大以绥芬河为起点经由俄罗斯远东的陆海联合运输的条件已逐渐成熟。中国政府以及东北亚沿线各国均出台了一系列支持政策，为扩大海陆联运倾注心血。虽然在边境地区会受到诸如铁路运输能力不足等硬性基础设施条件的制约，但包括绥芬河火车站在内，国内运段的基建项目正在有条不紊地实施中。

　　绥芬河运输走廊最具吸引力之处在于能够缩短运输距离和时间。中、俄两国于2014年达成协议，规定从绥芬河始发的集装箱货物到达格罗捷阔沃站后不需要进行二次换装。如此一来，列车如不在乌苏里斯克站重新编组的话，只需要1昼夜就能将货物从绥芬河运至俄罗斯远东的港口。如果能够实现陆路运输和海路运输在时间上的"无缝衔接"，则理论上只需要4天即可将货物从绥芬河运输到日本。虽然从以往运输的实际成果来看都带有浓重试验性色彩，不过也通过这些实验积累了一定的经验和知识，可更为顺利地进行前期准备和办理各种手续。

二、以绥芬河市为起点的国际陆海联运通道试运营项目分析与经验总结

（一）以绥芬河市为起点的国际陆海联运通道试运营项目

建设经陆路将黑龙江省的货物运至绥芬河，然后经俄罗斯远东铁路和港口运至日本港口的国际运输通道的设想，在 2014 年 6 ~ 8 月，绥芬河市与日本合作进行的经俄罗斯港口的国际陆海联运实验中得到了验证。本节试通过对该实验项目取得的成果及存在的问题进行分析总结，提出今后进一步发展东北亚国际陆海联运通道的建议。

1. 国际陆海联运通道试运营概括

本次运输实验中，共有 2 个 40 英尺的集装箱（FEU）由绥芬河市运往日本，其中一个 FEU 内装一次性筷子，另一个内装集成材料。绥芬河市以及周边地区从事加工从俄罗斯进口原木的企业较多，这些企业将产品出口至包括日本在内的海外各国。通常这些产品通过辽宁省大连港运至日本，而本次实验中则将尝试经俄罗斯远东沿海的东方港运输货物。

绥芬河市主要负责制定本次实施方案。首先由黑龙江省陆海通路国际货运代理有限公司（以下简称 L 公司）和黑龙江省绥芬河 H 有限公司（以下简称 H 公司）这两家海运公司负责全局统筹。L 公司是联络、调配国内外运输业者的货运代理，而 H 公司则是负责集结中方货主并进行集装箱混载业务的公司。凭借这两家公司所持的人脉，成功地找到了协助本次试运营的出口货主公司。另外，L 公司启用波特梅伊公司（Port May）的货运代理公司负责俄罗斯段的运输，该公司还预约调配了俄罗斯铁路和海运公司 CMA – CGM 的舱位。

集装箱运输的路线和日程表（见表 11 – 5）。从绥芬河站出发到日本的港口大致需要 16 ~ 17 天的时间。由于集装箱 B 在实验开始前临时更换了运输货物，因此，在准备通关所需文件上花费了一定的时间导致其推迟出发，但所幸按时抵达东方港和集装箱 A 一同装船运往日本。此外，由于在海上运输时遭遇了台风，因此要比原先计划的日程迟了几天。从运输费用来看，一个集装箱总计需要约

1.5 万元，与经由大连的普通路线相比高出 5 千元。

表 11 –5   国际陆海联运通道试运营的实施日程

	实施日期	
	集装箱 A	集装箱 B
将空集装箱送至绥芬河	2014 年 7 月 21 日	
在绥芬河进行集装箱装货	7 月 26 日	
绥芬河通关	7 月 27 日	7 月 30 日
绥芬河站出发运送	7 月 28 日	7 月 30 日
到达格罗捷阔沃（俄罗斯国境边界站）	7 月 29 日	7 月 31 日
格罗捷阔沃通关	7 月 29 日	7 月 31 日
格罗捷阔沃站进行货物换装	7 月 29 日	7 月 31 日
从格罗捷阔沃站出发	7 月 29 日	7 月 31 日
到达乌苏里斯克	7 月 29 日	7 月 31 日
从乌苏里斯克出发	7 月 30 日	8 月 1 日
到达东方港	7 月 31 日	8 月 4 日
东方港通关	8 月 1 日	8 月 5 日
东方港进行货物装船	8 月 5 日	8 月 5 日
从东方港出发（遭遇第一次台风）	8 月 6 日	8 月 6 日
到达釜山港	8 月 12 日	8 月 12 日
从釜山港出发（遭遇第二次台风）	8 月 12 日	8 月 12 日
到达大阪港	8 月 14 日	—
到达名古屋港	—	8 月 15 日

注：由于中、俄铁轨的轨距不同需要进行换装。乌苏里斯克站位于西伯利亚铁路主线和支线（开往绥芬河站）的交汇处。一般在这一站进行车辆编组的更换作业。

资料来源：ARAI Hirofumi，ZHU Yonghao，LI Jinbo，*Toward Expanding Japan – Russia – China Multimodal Transportation*［J］. ERINA REPORT，2015（125）：9.

2. 国际陆海联运通道试运营成果及存在的问题

第一，利用经由俄罗斯沿海港口的国际陆海联运通道更有可能缩短货物的运输天数。此次运输实验由于考虑到中俄边界通关以及俄罗斯境内运输等在时间上的不确定性，因此，特意提前发货以在集装箱装船日前预留出一定时间加之前述的台风影响，使实验运输的天数随之大幅延长。而此路线在理想状态下到达大阪港和名古屋港分别也只需 9 天和 10 天。另外，不难发现本次实验的目的地港都在太平洋沿岸，这样一来就必须在途中的釜山港进行换装，如果将目的地港改为日本海一侧，直接利用直航线路则有可能进一步缩短运输天数。

第二，能够顺利办理执行过境俄罗斯的中转运输时所需的通关手续。其中俄罗斯的 Port May 公司发挥了重要作用。该公司专门走访了位于绥芬河市的 H 公司，就应向俄海关提交的通关手续材料内容进行了深入的探讨，因此，在集装箱出仓前所有的通关手续材料就已准备就绪。可以说这次能够顺利出入俄罗斯边关是和周到、细致的事前准备必不可分的。可惜的是在本次运送途中，其中的一个集装箱却较计划推迟了发送。这是由于中方货主在出发前对于经由俄罗斯的运输通道有所质疑，因此更换了原定的货物。国内规定出口货物临时更换装箱必须出具特别批示，因而在办理通关手续材料方面又花费了不少时间。

第三，即使是铁路运输也能在短时间内将货物运输到目的地。在俄罗斯除了专门运输集装箱的固定编组整列列车以外，普通列车需要在中转火车站进行重新编组，在浪费时间的同时还增加了运输时间的不确定性。所幸的是，由于事先已经和俄罗斯铁路相关部门妥善协调，这次实验运输中列车在乌苏里斯克火车站的再编组只用了 1 天的时间，真切感受到了俄罗斯铁路相关部门为了确保运输顺利进行所表现出的敬业精神。

第四，开辟了使用船运公司所供集装箱进行运输的新模式。由于 2014 年当时船运公司在像绥芬河市这样的内陆城市的没有专业的集装箱堆场，因此调配空的集装箱并非易事。本次实验运输中，在俄罗斯东方港拥有营业点的船运公司 CMA – CGM 因对中国内陆货物运输表示出浓厚的兴趣，随即从东方港调运了两个空集装箱至绥芬河。

3. 其他的国际陆海联运通道试运营

除了上述试运营之外，近年来，其他使用经由俄罗斯远东港口的东北亚陆海联运运输实例也在持续推进。主要运送始发于黑龙江的货物，但也包括一部分始发于吉林省的货物。

（1）日本鸟取县实施的试运营。韩国 DBS 船运公司在日本鸟取县的境港和俄罗斯符拉迪沃斯托克港之间开通了一条每周往返一次的定期航线，途经境港（日本鸟取县）、东海（韩国江原道）、符拉迪沃斯托克（俄罗斯）。由于从境港至符拉迪沃斯托克的货物量不断增加，因此提升此航线的运能和配套服务水平迫在眉睫。为协助 DBS 公司扩大货源，鸟取县于 2011 ~ 2012 年进行了一次往返于中国东北地区和日本鸟取县之间的国际海陆联运的试验（见表 11 – 6）。

表 11 – 6 鸟取县运输实验的概要

运输路线	运输物品	时间
境港⇔（DBS）⇔符拉迪沃斯托克⇔（卡车）⇔绥芬河⇔（卡车）⇔长春	简易拼装台【中→日】 小册子【日→中】 视线诱导标【往返】	2011 年 8 ~ 9 月
牡丹江→（卡车）→绥芬河→（卡车）→符拉迪沃斯托克→（DBS）→境港	一次性筷子	2011 年 11 月
境港→（DBS）→符拉迪沃斯托克→（卡车）→绥芬河（卡车）→延吉	食品	2012 年 7 ~ 8 月

资料来源：根据日本鸟取县资料制作。

2011 年的运输实验将黑龙江省和吉林省作为货物运输始发地和到达地。吉林省方面，由于正值东北亚贸易投资博览会在长春召开，为了搬运展品而启用了一个 20 英尺集装箱（TEU）进行装运并执行往返运输。黑龙江省方面，为了将牡丹江市生产的一次性筷子运送到日本而启用了 2 个 TEU 进行运输。当时这两条线路的陆路运输分别由俄罗斯的普利莫阿夫特公司（PRIMORAVTOTRANS）和中方的万利物流有限公司负责。由于俄罗斯国内通过卡车进行保税运输的公司呈现出一家独大、垄断全国的情况，因此在俄的陆运费用颇高。仅从吉林省的试验来看，其陆路运费要比经由大连的运输线路高出 13% ~ 16%。除陆路运费的问题之外，还有一些问题亟待解决。在黑龙江省执行货物运输时，原计划使用 1 个 FEU，由于受到符拉迪沃斯托克港航道起重机起吊重量和中俄过境货物重量的限制（总重量 40 吨），只能被迫调整为使用 2 个 TEU。因此，调配空集装箱的时间和成本也都相应增加。从黑龙江省的运输实验结果来看，其全程运费用是大连线路的大约 2 倍。

（2）日本新潟县实施的试运营。日本新潟县一直致力于开设连接俄罗斯远东扎鲁比诺港的海上航线。为了检验这条航线的实效性，新潟县于 2010 年 10 月进行了一次集装箱货物国际联运的实验。此运输实验主要是为了考察、检测经扎鲁比诺航线运输时间和成本，并讨论如何开通新的物流线路。本次实验中调配了一个 TEU 来装载生活杂货和服装制品。货物从哈尔滨和吉林省珲春市发出，在珲春市装入集装箱，通过卡车运输相继通过中俄罗斯边境海关直至扎鲁比诺港。从扎鲁比诺港到新潟港则是租用停靠纳霍德卡港的货物船执行运输。运至新潟港后再由铁路运往日本全国各地。从黑龙江省哈尔滨市到新潟港的货物一般经由大连港运输，其总距离约为 3000 公里。相比之下，实验路线的总运输距离缩短了约

1300 公里（约是大连航线总里程的 40%）。总结新潟县所进行的运输实验，可得出以下结论：

第一，包括运送、装货卸货以及检查等流程在内，实验总时间为 6 天左右。相较需要 10 天以上的大连航线，扎鲁比诺航线明显具有时间上的优势。此外，随着扎鲁比诺通关手续的简化、日本铁路货运网性能的提升以及沿线基础设施的快速建设，将来总运输时间可能进一步缩短。第二，从运输成本看，相较大连航线，每 1 个 TEU 约贵 10 万日元。第三，在办理通关手续时大都比较顺利。然而在接受扎鲁比诺港通关审查和新潟港服装制品关税检查时，基于都是首次受检，时间超过 10 小时。后者则由于从先前所使用的名古屋港变更为新潟港而实施的关税检查，从第二次运输开始则不需再接受检查。

（3）华晨国运物流有限公司实施的试运营。2007 年秋，华晨国运物流有限公司执行了一次经牡丹江、绥芬河、符拉迪沃斯托克、上海市的集装箱运输。此次实验目的是测试经俄罗斯完成中国国内的货物运输，旨在缩短 700 公里的运距。12 个装载纸类货物的集装箱 9 月 26 日从牡丹江出发，经铁路运抵符拉迪沃斯托克渔港的集装箱中转站，再由中国的货船运至上海市。由于途中需在格罗捷阔沃站进行货物换装，仅在调配俄罗斯铁路货车这一环上就花去了 7 整天，致使总运输时间达到了 23 天。虽然从实际完成运输的层面来看，实验是成功的。然而就运输天数和成本而言，此线路的实用性还远未达标。仅就运费而言，中俄之间还存在着亟待解决的课题。

（4）OCDI 实施的试运营。2007 年 2 ~ 4 月，日本国际临海开发中心（OCDI）执行了一次从日本山形县酒田港出发，经俄罗斯终至黑龙江省哈尔滨市的货物运输实验。装载着农业收割机的集装箱从酒田港出发，经韩国釜山港、俄罗斯东方港和格罗捷阔沃、绥芬河，最终运抵哈尔滨。其中从东方港至哈尔滨经铁路运输。从酒田港到哈尔滨的总运输时间为 65 天，其中从釜山到哈尔滨就需要 59 天之多，尤其是为完成货物中转通关、集装箱加固和列车编组，需在东方港停放整 28 天。根据 OCDI 所做实验可以得出以下结论：若想将此航线实用化，在克服手续及技术等难题的同时，还需进一步削减运输成本。

（5）"中俄中"运输实验。2014 年末，中俄进行了两次经由中国东北地区、俄罗斯远东港口、中国沿海地区的运输实验，这条线路也被称为"中俄中"线路。2014 年 11 月 30 日，由海铁联捷国际货运公司组织的一批密度板，自绥芬河市出境，通过中外中模式，经俄罗斯东方港转班轮抵上海市港，终到江苏常州，此线路不论是运距还是周期都较经由大连港或营口港出海更具优势。2014 年 12

月 23 日，24 个由陆海通道国际货运代理有限责任公司承运、装载木制地板的集装箱自绥芬河市启运，经俄罗斯东方港转为船运，发往广东黄埔港。此次 24 个集装箱装载的均是来自绥芬河市各大木材企业的木制产品，以桦木地板和樟子松刨光板为主。此次运输也是 2014 年绥芬河市组织的最大规模内贸跨境运输。以往运输到中国南方港口的大宗商品，大都经辽宁省大连港和鲅鱼圈港，运输周期 15 ~ 17 天，运费也没有压缩空间。经多次实践后发现，自绥芬河市出境，经俄罗斯东方港运输，周期将较之于大连港缩短 5 ~ 10 天，每个集装箱的运输费用也降低 10% 左右，运输成本的下降和周期的缩短，对于企业来说无疑是利好消息。

（二）阻碍国际陆海联运发展的主要因素

1. 主要阻碍因素

第一，绥芬河—格罗捷阔沃间铁路运力的限制。绥芬河至格罗捷阔沃铁路的设计运能为每年 700 万吨，而目前陆海联运的实际运量也距 700 万吨相去甚远，表面上来看并不存在运能制约。然而，这一区间却连接着中俄两国的铁路大动脉，突破运能极限超负荷运输的可能性不可谓没有，届时货物运输将受到极大限制。为解决这一瓶颈制约，铁路部门采用三机牵引的变通措施加大列车编组，虽然解决了贸易货物运输的应急问题，但也提升了运营成本。因此亟需与俄罗斯协商，对这段线路尽快进行扩能提速改造。应在下一步扩充陆海联运规划中，作为一个重要项目加以明确。

第二，运费较高。相比之前进行的运输实验，此次运输实验成本已有降低的趋势，但距离缩减目标依然还有巨大的差距。究其原因，不难发现在运输的过程中存在着诸多导致成本上涨的因素。例如，集装箱空返需一笔费用。如果走大连航线，一般会用卡车将货物运送到大连港，然后直接装入港区的集装箱。若将空集装箱调拨至绥芬河再进行装货，成本将增加近 20%。此外，选择"中俄中"线路运送的话，由于海路运输的货物较少，成本也会随之提高。除上述情况外，还应考虑到俄罗斯国内以及海上运输的费用都非常高。这是因为货物量过少，致使形成不了一定的经济规模，价格也随之上升。因此在解决个别问题的同时，增加货物吞吐量同样重要。

第三，运输时间不稳定。此次运输实验从绥芬河出发到达日本需要两周多的时间。如前所述，如果调整货物装船的时间，可将运输时间压缩到 10 天左右。然而要实现这个目标，还有诸多难题亟待解决。首当其冲的是把握俄罗斯境内运输所需的确切时间。俄罗斯远东港口一般会提供一周一次的集装箱运输服务。如果未能赶上集装箱船的装运，就可能会耽误一周时间。

第四，在俄罗斯境内难以使用中方车辆运输。由于中方陆运公司很难在俄罗斯境内执行运输，俄罗斯的市场长期处于寡头垄断状态。在俄罗斯国内，国际车辆运输同国内车辆运输所采用的标准不一。在中俄两国都互相批准通行的哈尔滨—符拉迪沃斯托克国际运输道路上，所采取的是俄罗斯国内的标准，即最大车长 18 米，最大车宽 2.5 米。然而在俄罗斯国内的一部分路段，由于受到基础设施条件的制约，规定车辆总重量还必须在 38 吨以内、最大车高在 4 米以内。此外，国内企业在经手贸易货物、使用保税仓库的时候会遇到一系列的手续问题。根据俄罗斯的相关法规，从事国际运输业务的企业必须缴纳 2000 万卢布的保证金。然而，即便是对在俄陆运表示出兴趣的中方国际运输企业也很难筹集到资金来支付这笔费用，自然也就无法在俄进行保税运输了。

第五，货主态度消极。此次运输实验中各使用 1 个集装箱分别装运了来自两家货主的货物。然而决定同这两家货主公司合作的过程却是一波三折。起先在 2014 年初筹备运输实验之时还有其他的货主公司表示愿意参加本次实验，但在仔细查阅相关规定后发现该公司存在着诸多问题，不符合本次实验的要求，不得不放弃与该货主公司的合作。而随后找到的公司又在运输前临时改变主意，致使需要再次寻找货主公司。虽然在短时间内找到了符合要求的货主，但如前所述，运送集装箱的时间却推迟了 3 天。由于经由俄罗斯远东港的国际联运通道大多不为人所知，即使绥芬河市及其周边企业愿意选择此条线路进行运输，作为贸易对象的日本、韩国以及中国南方的企业对这样一条鲜为人知的线路敬而远之也在情理之中。另外，鉴于俄罗斯境内运输过程中出现过的各种问题，就连对这条线路的意义及优势颇为了解的当地企业也对参加实验一事犹豫不决，因为一旦参加就需要承担相应的风险。

第六，没有负责国际联运的承运人。没有愿意承担从始发地到终点的所有运输、发放海运全程提单（through B/L）的相关物流服务公司。在执行公路及铁路等陆路运输时物流从业者会开具运输证明，而海运时则需由船运公司发出海运提单。从这个意义上而言，目前为止所执行的试验性运输依然无法达到"国际联合运输"的标准。由于没有发放海运全程提单的货运代理人（NVOCC），不仅使运输过程中的职责关系变得复杂，还成为运费增高的原因之一。NVOCC 在每次运输时都会将运费照会给各段承运人，并将成本和利润计算在内提高照会所示金额，以此向货主收取费用，因此运费几乎没有下调空间。

第七，缺乏综合性战略与计划。国际机构、中俄两国政府以及各级地方政府都在倡导建设国际运输走廊并且旨在利用这些新走廊扩大东北亚陆海国际联运，然而其实际效果却并不明显。究其原因，主要在于相关机构、企业针对东北亚陆海国际联运的服务性质存在诸多分歧，各方都习惯于站在自己的立场提出要求和意见，复杂的利害关系很难调和，致使每次都只能解决一部分问题。

第八，中国国内各省之间以及东北亚相关国家间的有效合作体制仍未建立。国家与地方之间需要调整的事项涉及众多方面。在建立国家间合作体制方面，中央政府有必要出面发挥其影响力。但到目前为止，针对东北亚陆海国际联运，还未能建成具备领导力和权威性的推进机构。除上述问题之外，各个国家和地方政府一直谋求建立的国际集装箱联运模式也未能成形。

2. 主要问题所在

上述各阻碍因素相互影响，其结果易陷入"先有鸡还是先有蛋"的困境之中。图 11 – 1 是阻碍新型物流服务的发展和利用率提升的成因示意图。下面笔者将根据成因图对绥芬河为起点的联运服务中所存在的诸多问题进行整理和分析。

第一，物流企业"对于扩大市场表示怀疑"。如图 11 – 1 右上方所示，这里所关注的问题是提供新型物流服务的物流企业对新兴行业的市场扩大程度信心不足。即使预测的市场需求很大，但这些需求都未曾真正显现，除了没有能够激发扩大该业务的基本大宗货（base cargo）外，进行市场需求评估的手段也有限。基于以上情况，物流企业为了将风险降至最低，只利用最小限度的投资提供物流服务。此外，为了能够从仅有的客户（货主企业）得到一定收益，价格普遍设定较高，导致了该物流服务的竞争力不会很高。

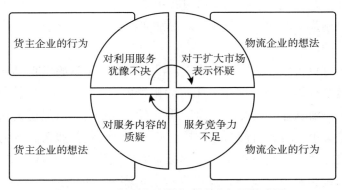

图 11 – 1　新型物流服务所存在问题的成因

资料来源：ARAI Hirofumi, ZHU Yonghao, LI Jinbo, *Toward Expanding Japan – Russia – China Multimodal Transportation* ［J］. ERINA REPORT, 2015（125）：15.

　　第二，服务竞争力不足。对运输行业而言，投资是必不可少的。另外，如能有效地利用折旧的设备也可提高其收益性。对东北亚陆海联运缺乏信心的物流企业，一般只是设法筹集已有的设备进行装货运输，而不会对诸如船舶、车辆、货物装卸机等进行投资。在使用设备时，这些物流企业也力求在不增加额外成本的情况下提供其能力范围内的运输服务。其结果便是服务水平不断低质化，从而导致产生与运输时间相关的一系列问题（包括快捷性、服务次数、准点率、机动性等）。例如在格罗捷阔沃站至东方港的铁路运输过程中，无法使用直达班列，而是需要在途中重新进行编组。另外，从俄罗斯沿海地区到日本的海路直航航线，其班次也是寥寥无几。对于无法发现"先行投资"长期价值的物流企业而言，势必会尽可能从眼前的货主企业获利。因此，运费和相关费用往往被设定得较高。同已有的运输服务相比，则不难发现上述水准低、运价高的陆海联运势必缺乏竞争力。

　　第三，货主企业对服务内容存在质疑。货主企业往往不愿使用这样一条运费昂贵、服务水平低的物流线路。目前，凡涉及经俄罗斯的陆海联运服务，货主公司普遍关心诸如"会否将货物运送到目的地"等问题，对于此线路的怀疑可见一斑。

　　第四，货主企业对是否使用东北亚陆海联运服务犹豫不决。货主企业在选择物流线路时通常持保守态度。货主公司的选择标准一般集中于以下两点：一是该线路具有明显的优势和一定的服务水平；二是即使有一定风险，一旦成功即可获得巨大收益。如果未达到其中任何一点，货主公司一般不会轻易选择新的物流线路。基于上述情况，大多货主企业不会选择使用经由俄罗斯港口的东北亚陆海联运线路。

三、东北亚国际陆海联运建设的对策建议

（一）提升服务水平，促进国际陆海联运通道利用

　　从潜在的东北亚国际陆海联运通道利用可能性来看，不论物流企业还是货主企业都能享受到陆海联运所带来的便利，然而，最初的陆海联运试验并不成功。为民营企业松绑放权、提供便利是政府所应起到的作用，并且有必要通过相关政策改变企业的思考和行为方式。最终的政策目标应是构建一个良性循环的产业，

即通过提升服务水平进而提高国际陆海联运通道的使用率，使用率的提高将推动提升物流服务水平。也就是说，"提升物流服务水平"和"提高陆海联运使用率"相辅相成具有同等的重要性，应同时促进这两方面的发展。

政府相关责任人应该优先考虑与物流企业密切配合。一是因为物流企业是提供服务的一方，如果没有服务的保障，即使货主企业有需求也束手无策；二是相较于客户，物流企业的数量较少，因此更易接近。此时政府的作用就体现在分担民营企业风险和提升服务质量等方面。在倡导建立服务型政府的当下，政府的各个部门同时也是服务提供方一员。同时，政府也需加强同货主企业的紧密联系。在这种情况下政府就应该尽可能地减轻货主企业的顾虑，并在条件允许的情况下为货主企业承担一部分风险。基于以上考虑，笔者认为下列对策建议应得到重视。

（二）对策建议

1. 明确基本理念

为了获得广泛支援、切实推进"扩充发展以绥芬河为起点、经俄罗斯的东北亚国际陆海联运"这一课题，须明确提出一个具有影响力的理念。这一理念建议包括以下三点：一是对于整个社会要做到"绿色环保"；二是对于潜在的货主公司要做到"快速便捷"；三是对于当地居民和企业要做到"有利于带动地区经济发展"。以下的各项具体实施方案中都能够看到这三点理念的外延。

2. 构建推进机制

有了明确的基本理念之后，还需构建具有实效性的推进机制。笔者提出以下三点具体建议。

第一，制定战略及工程表。贯彻基本理念设定的具体目标，记录为实现该目标而使用的方法、手段及相关战略，并将其整合成文。如，可以将"提升物流服务水平"和"提高东北亚国际陆海联运利用率"的方针同时推进。此外，建议制定一份明确各方职责分工以及业务实施期限的工程表。笔者认为，在每一个时间段内设定一个数值目标将会有效推进工作进程。最后要指出的是，以上两份文本都需经各国官民协调后制定，制定工作完成后应共享该文本。

第二，建立例会制度。其初衷有两点，一是为了召集有关人员集思广益，更好地制定战略及工程表；二是为避免上述文本脱离现实，需不断确认实际操作的进度以及对文本加以修改。然而最令人担心的是，例会规模的扩大可能会降低会议的有效性。因此，充分发挥相关小委员会和分科会的作用便迫在眉睫。可以说，如何保障会议的有效性是以上一连串提案中最难的课题。通过设置通道运营秘书处，由其对制表、召开例会等具体事项进行组织安排。并且，秘书处中需配备与相关各国政府有密切联系和合作的人员，以确保联运工程进展顺利。

3. 不断提升服务水平

"提升联运服务水平"和"提高东北亚国际陆海联运通道的使用率"具有同等的重要性，应同时促进这两方面的发展。以此为核心，制定具体的目标有助于提升服务水平。

具体建议包括：第一，推进基础设施建设。根据工程表推进基础设施的建设，以应对今后可能增加的运输量，目前所面临的"瓶颈期"也会随之缓解。第二，向民营企业提供援助。参与陆海联运的货运代理人、以及公路、铁路、海运的物流运输从业人员都会对还未形成市场规模的新兴业务保持警惕以规避风险。此时政府应以资金援助的方式扶持这些民营企业发展。第三，促进业务各方之间的合作。促进民营物流企业之间、政府有关部门之间以及政府与民间的信息交换、技术知识共享、共同业务、利害关系协调。为导入高水平服务的理念，应吸引外地的大企业进驻，抑或促成合资企业的建立都是可以推动相关产业发展的选择。第四，完善法规制度。简化运输业务相关制度及边境通关手续、安全规章和其他复杂的规章制度，使联运通道的使用透明化、消除制度间的矛盾。第五，积累运输实验的经验。运送货物的类别以及出发地、目的地的不同导致每次在东北亚国际陆海联运过程中所出现了不同问题，因此，在每次运输后都需要针对特定问题进行专项分析并找出相应对策。如此循环才能积累相关经验和知识，提高服务质量。

4. 提高东北亚国际陆海联运通道的利用率

在力求提升服务水平的同时，还需考虑如何带动需求方的积极性，提高国际陆海联运通道的使用率。具体建议包括：第一，向货主企业提供相关信息。如将以绥芬河为起点的东北亚国际陆海联运所具备的优势、全力提升服务质量的近况通过各大媒体及研讨会等形式进行宣传推广，尤其需要向各大货主公司介绍之前的成功案例。第二，向选择使用陆海联运的货主企业提供一定程度的资金支持。考虑到和其他运输线路相比，陆海联运线路的运费还相对较高，因此需要政府提供部分资金支持。第三，力求为外贸增长注入活力。以扩大国际运输的整体需求为目标，通过召开国际商贸洽谈会等形式为外贸增长注入新活力。

第十二章　东亚的经济发展与
环境影响

金　丹

东亚各国在 1997 年的亚洲金融危机后，致力于贸易自由化与区域经济一体化，逐渐提高其在世界经济的地位。伴随经济的发展，环境问题、环境破坏等概念、词汇与相关新闻不绝于耳。对于现在的年轻一代来说，如日本四日市哮喘、水俣病等"公害病"已经成为只能从相关展览或资料才能获知的一段历史。但是，同样的"公害病"仍在发展中国家不断出现，且还会在推行粗放式经济发展的国家重复发生。环境问题是发展中国家在谋求经济发展中，不可回避的存在。它是由于人们的生产活动与生活方式而引发的，以各种形式对人们的生活及健康产生影响，而且也会对人类赖以生存的地球生态产生影响。

说到影响，人们自然而然会有如下疑问，我们正面临什么样的环境问题？环境问题与生产活动，生产方式有什么样的联系？本章在回答这些疑问的同时，也希望读者在追求生活品质的提高时，也能够思考在经济增长同时为了保全环境，我们能做些什么？

一、环 境 问 题

最近关于 PM2.5（微小颗粒状物质）的扩散情况成为热门话题，人们担心微小颗粒会进入支气管或肺的深部从而对健康产生影响。但是这样的话题其实只是诸多环境问题中的冰山一角。在这里介绍一些与日常生活密切相关的大气污染，水污染，地球温暖化等环境问题。

（一）水污染

由于城市化的进展，产业活动的扩大，加上过度依赖于化学肥料的农业，地下水，湖沼，河流的水质受到污染，且沿岸的海域亦受到威胁，正直接影响着人们的健康。在这里举例介绍由产业活动引起的水污染问题。

众所周知的日本四大公害之一的水俣病，就是由熊本县水俣市的新日本氮肥股份有限公司（后改为チッソ股份有限公司）的工厂及新泻县鹿濑町（现阿贺町）的昭和电工股份有限公司的工厂排放的甲基汞（汞又俗称水银）污染引起的中毒性神经疾病。主要症状有四肢末梢神经的感觉障碍，运动失调，语言障碍及手脚颤抖等。轻度中毒时有头痛，感觉疲劳，味觉·嗅觉异常，耳鸣等症状。

同是由于汞（俗称水银）的水污染问题，除了日本，在东亚其他国家也在发生。有报告指出中国从吉林省流向黑龙江省的松花江流域由于汞污染，鱼类减少，渔业受到毁灭性打击，虽然对人体的危害没有被提及，但是就水银流入河川的流入量而言，生产停止后的今天仍可能会有残留。也有报告指出蒙古达尔罕乌拉省，洪戈尔苏木等各地掀起淘金热，由于开采而导致水银污染。在印度尼西亚20世纪80年代，雅加达湾也曾发生过水银污染，报道称发生胎儿性水俣病。虽然没有证据证明，但却表明了各种复合型污染正在发生[1]。其他还有关于马来西亚和泰国南部的矿山开发中发生的砷（俗称砒霜）中毒事件。

（二）大气污染

随着对大气污染危害的认识的提高，亚洲各国分别制定了环境标准，以及对特定排放源，尤其是针对汽车，工厂及发电厂的减排政策。并且通过将工厂从人口密集地区迁移等各种形式，试图解决大气污染问题。本章将介绍几种具有代表性的给人体健康带来危害，并会引起大气污染的原因物质，如氮氧化物，硫氧化物，浮游粒子状物质及光化学烟雾等。

1. 氮氧化物（NO_x）

人为活动排放的氮氧化物，由移动源（汽车及飞机等）排放的份额比较高，是在一定条件下会引起光化学烟雾及酸雨等大气污染的原因物质。如今氮氧化物呈增加趋势的城市较多，在亚洲多数国家在经济增长的同时机动化水平也在提高，由此在大城市由于移动源而引起的大气污染及气候变动等环境问题尤其显著。

根据日本总务省统计局公布的数据，2006～2012年，中国，印度，泰国及马

---

①　日本環境会議/「アジア環境白書」編集委員会. アジア環境白書［M］. 東洋経済新報社，2010：343 - 344.

来西亚的汽车保有台数分别增长了 195%，82%，48% 及 46%。随着生活质量的提高，由于生活方式的改变带来的汽车保有台数的增加使大气污染加剧。

2. 硫氧化物（SOx）

硫氧化物是含有硫磺成分的石油或煤炭在燃烧时形成的大气污染物质，曾经是日本四日市哮喘等公害病及酸雨的原因。

酸雨是硫氧化物（SOx）与氮氧化物（NOx）等大气污染物质转化成硫酸与硝酸等，溶于形成云的水滴中，以雨或雪的形式落到地面的现象（湿沉降）。广义上亦包括以气体·气溶胶的形式直接落到地面的现象（干沉降）。其结果不仅对森林，土壤，湖沼等生态系统造成影响，且其对建筑物的侵蚀及人体健康的危害亦令人担忧。已然获知，即便是相距酸雨原因物质的发生源数千公里之外的地区也会受其危害。因此解决酸雨的问题需要各个国家的协调与合作[1]。

根据东亚酸雨监测网（EANET）的年降水量的 PH 值的数据（湿沉降），显示 2000 ~ 2014 年，泰国与越南曾经是弱酸性的 PH 值有了很大的改善。而另一方面，位于日本 11 个观测所中的 8 个地方显示了恶化趋势，3 个地方虽有改善，但仍然呈现弱酸性（PH 值 4.7 前后）。

3. 浮游粒子状物质（SPM）

《环境白皮书（2017）》将浮游状颗粒物定义为，悬浮在空气中的粒子状物质（悬浮粉尘，气溶胶等）中粒径在 10μm（μm = 百万分之一米）以下的物质。PM2.5 是粒径在 2.5μm 以下的微小颗粒物，是由极微小的固体粒子及各种组成结构的液滴构成的复合混合物。PM2.5 源于运输机构的排放，扬尘，及生物质燃烧或工业活动等排放引起的一次或二次发生源[1]。

随着经济发展，作为移动源的汽车保有台数在增加。根据中国环境保护部的数据，北京的 PM2.5 的 24% 来源于汽车排放。也有报道称韩国的首都圈在 2010 年 PM2.5 的 49% 来源于汽车等移动源[2]。

4. 光化学烟雾

光化学烟雾是指由工厂，营业场所或汽车排放的氮氧化物（NOx）或挥发性有机化合物（VOC）在紫外线的作用下引起化学反应，生成光化学氧化剂（臭氧及醛类），气溶胶等污染物，并在空气中滞留而形成的烟雾，也就是光化学烟雾的原因物质。光化学氧化剂具有强力的酸性，因此在高浓度下，会刺激眼睛，

---

① 東アジア酸性雨モニタリングネットワーク. 政策決定者向け報告書：持続可能な発展のための EANET 及び清浄な大気環境 [R]. 2014：21.

② 天児慧・李鐘元. 東アジア和解への道 [M]. 岩波書店，2016：168.

喉咙，对呼吸器官产生危害，并对植物及农作物产生影响。

（三）地球温暖化

人类生产活动的扩大使二氧化碳，甲烷等温室效应气体大量排放到大气中，从而促使地球温暖化。特别是二氧化碳通过化石燃料的燃烧被大量地人为排放。城市的中心地区是温室效应气体由人为发生源排放最多的场所。

根据政府间气候变化专门委员会（Intergovernmental Panel on Climate Change，IPCC）公布的《第五次评估综合评估报告书》，温室效应气体的持续排放会进一步加剧温暖化，并会给气候系统的所有要素带来长期的变化，由而对人们或生态系统，在广范围内带来不可逆的影响的概率会升高。

多数情况，大气污染物与地球温暖化气体的排放源是相同的，因此被指出需要制定大气污染对策与气候变动对策并进的大气污染防治措施。

（四）跨境环境问题

水污染，大气污染等危及了人们赖以生存的土壤，河流及空气，时而顺着河流、海流，时而乘风，从污染发生源影响到周边的区域或近邻国家。近年越过国境的环境问题日益凸显出来。

2002 年的夏季到秋季，日本海一侧的定置网内进入大量越前海蜇，撕破渔网还致死许多入网的鱼，给渔业带来了巨大的损失。从那之后几乎每年都会发生，开始大量涌入日本海。就越前海蜇大量产生的原因，有作为产卵地的中国黄海沿岸由于开发导致的富营养化，也有由于地球温暖化引起的海水温上涨，还有过度捕捞引起的动物浮游生物的过剩等。有分析指出若越前海蜇大量产生，不仅会影响日本海，还有可能危及到太平洋一侧①。

中国北京在 2016 年 12 月中旬开始，由于重度雾霾持续数日，当局发出警报成为当时的特大新闻。北京市环境保护监测站监测到 14 日（当地时间）上午 10 点的 PM2.5 的浓度为 $288\mu g/m^3$。这一浓度值超过了世界卫生组织（WHO）设定的基准值 11 倍。东京农工大学的畠山教授通过在位于北九州的容易受到远距离跨境污染影响的长崎县福江岛的观测与分析，指出可以推断 PM2.5 正从大陆漂移过来。中国内地发生的大气污染物乘偏西风飞落到日本或韩国的情况使人们陷入不安。

---

① 柳哲雄・植田和弘. 東アジアの越境環境問題［M］. 九州大学出版会，2010：21.

可是环境污染问题并不仅限于此。如同环境污染问题不是一朝一夕造成的，污染问题的解决也会需要漫长的岁月，直到改善，人们在健康，经济上将会付出巨大的代价。

（五）健康影响

1. 水污染的影响

日本熊本县水俣市发生的由工业排水引起的污染事件，新日本氮肥公司的未经处理的排水始于1946年，而水俣病最初被报道是在1956年，到1959年证实水俣病的发生源就是工厂排水，用了十数年，并且直到1968年厚生省官方认定水俣病与甲醛水银化合物有因果关系，又过了9年的岁月。其间，污染扩散，导致很多包括幼儿在内的牺牲者。

2. 大气污染的影响[①]

亚洲由于经济的快速增长，由大气中主要污染物质的浓度决定的大气环境日益恶化，预计今后40年会有进一步恶化的趋势。对于城市区域，过去10年的PM10的水平显著超过了世界卫生组织（WHO）的年度指南值，情况严重。WHO累算出每年与大气污染相关而发生早期死亡的人数在700万人，大气污染作为单一影响因素正成为世界上环境对健康的最大风险。按区域分类来看，2012年起因于大气污染的总死亡人数中，约88%发生在占世界人口82%的中低收入国家。从区域来看，WHO规定的东南亚及西太平洋地区的中低收入国家占最大比例，且指出在同区域内，330万人的死亡与室内大气污染相关，260万人的死亡与室外大气污染相关。

按死亡者疾病的分类来看，显示缺血性心疾病，脑卒中，慢性闭塞性肺疾病等占9成左右，儿童则是急性下气道感染症及肺癌占1成左右。

3. 地球温暖化的影响[②]

有研究预测温暖化将会对人类的健康，生活及活动带来直接或间接的影响。

作为直接的影响是，由于持续的暑天引发的热浪，会使中暑患者增加，光化学烟雾等大气污染增加，并会增加食物中毒，影响人们的健康。特别是在大城市，炎热的天气持续的话，加上热岛现象，例如东京，一天的最高气温超过30℃的话就会开始出现中暑患者，救护车的搬运次数就会增加，当超过35℃的时

---

① 東アジア酸性雨モニタリングネットワーク. 政策決定者向け報告書：持続可能な発展のためのEANET及び清浄な大気環境［R］. 2014：5, 8.

② 牧野国義ほか. 環境と健康の事典［M］. 朝倉書店, 2008：22.

候，就会呈现急剧增加的趋势。

作为间接的影响，媒介生物的栖息地，活动范围会扩大。例如，疟疾、登革热等由蚊子作为媒体传播的传染病，也会在日本发生，而且有指出日本西南部有进入潜在疟疾感染区的可能性。这不禁让人想起 2014 年 8 月，时隔 70 年，由于日本国内陆续出现无海外渡航经历的登革热感染者，东京的代代木公园曾发生了一度被禁止入内的事件。

除了直接或间接的影响，也要考虑随着人们生活的多元化，温暖化引起的异常气象等事后发生的事后（二次性）影响。

（六）经济影响

1. 经济损失

世界银行计算出 2013 年的《福利损失（为了人们免于因大气污染早死而需要的成本）》世界总额达到约 1000 亿美元。另外，指出在产业化急剧发展的东亚及太平洋地区的福利损失达到了 GDP 的 7.5%。

2006 年 9 月 7 日，中国国家环境保护总局与国家统计局发布的《中国绿色国民经济核算研究报告 2004》指出，中国因环境污染导致的经济损失达到 5118 亿元，达到同年国内生产总值（GDP）的 3.05%。其中，因水污染造成的损失占总体的 55.9%，因大气污染造成的损失占总体的 42.9%。

2. 通过贸易产生的环境负荷的转嫁

随着全球化，区域一体化的深化，贸易与环境的关系成为环境问题的重要论点。东亚诸国通过贸易在将二氧化碳的排放负荷转嫁给别的国家或者代替别的国家承受负担。

东亚地区从 20 世纪 90 年代后期开始，中间财贸易盛行，区域内的交易开始增加。从日本的中间财的进口对象来看，在 1997 年美国是第一位，中国与韩国分别占第二和第三位。但是到了 2012 年，中国赶超美国成为对日本出口最多的国家。被称为"世界的工厂"的中国名副其实地成为了向亚洲国家出口的第一出口国。由出口带动的生产增长确实对经济增长做出了贡献。另外，工业生产活动也增加了污染物的排放，代替别国承受了排放负荷。但是近年来随着中国经济增长减速，东南亚国家的开发加速，贸易结构也在发生变化，在东亚地区的环境污染有可能进一步扩大。

二、国 际 合 作

在东亚地区很多国家正都以经济发展为目标在进行开发。为了兼顾经济的发展与环境的保全，1987 年，世界环境与发展委员会提出了可持续发展的理念。为了可持续发展，就东亚环境问题而言，各国不仅有必要制定相应的对策，还需要进行国际合作。本章将介绍一些关于跨境污染的多国间合作及非政府组织（Non – Governmental Organizations，NGO）的活动。

（一）多国间国际合作

1. 东亚酸雨监测网（Acid Deposition Monitoring Network in East Asia，EANET）

EANET 是为了解析东亚地区酸雨的现状及其影响的同时，确立对这一问题的区域合作体系，而由各国自主参加及贡献的情况下构建起来的网络。参加国采用共同的手法对酸雨进行监测（湿沉降，干沉降，土壤·植被，陆地水源等四个领域），取得的数据由网络中心汇总，解析，评价并进行提供。网络自 2001 年正式启动，目前东亚地区有 13 个国家（柬埔寨、中国、印度尼西亚、日本、韩国、老挝、马来西亚、蒙古、缅甸、菲律宾、俄罗斯、泰国及越南）参与[①]。

2. 东北亚准区域环境合作项目的活动

东北亚准区域环境合作项目的活动（the Northeast Asian Subregional Programme of Environmental Cooperation，NEASPEC）是通过外交途径成立的东北亚首个全面且正式的环境合作项目。NEASPEC 于 1993 年接受韩国的提议，由联合国亚洲及太平洋经济社会委员会区域内 6 国（中国、日本、韩国、蒙古、俄罗斯及朝鲜）的外务省高级事务官参加的高级事务级会议上达成协议。具体活动特定于能源、大气污染类，生态系统管理，能力建设等优先领域[①]。

（二）环境 NGO

解决环境问题需要政府间的交流与合作，但是政府间构建的国际机构的活动是有限的。现今环境合作的框架有了很大的变化及进步，根据区域社会的需求，

---

① 環境省. 環境白書［M］. 日経印刷株式会社，2015：427.

也有许多民间主导的超越国境及国家利益的非政府组织（NGO）在积极地活动。

1. 东亚环境信息传播所

2001 年，中、日、韩开始了环境信息共享事业，并在 2002 年秋，开始共同运营中、日、韩环境信息共享网站"ENVIROASIA"（三种语言）。2008 年 10 月，在新泻市召开的第四次东亚环境市民会议上，在中国水污染一线上奋斗的18 个草根环境团体的 20 名工作人员参加并共享了新泻水俣病的经验①。

2. 气候组织（the climate group）

气候组织于 2004 年建立，是专注于气候变化对策的首个国际 NGO。本部设在英国，在中国，美国及澳大利亚设有支部②。

三、结　　语

本章所提及的环境问题已不是可以回避的话题，问题已经涉及我们的日常生活，影响到健康，并对如何选择将来的生活方式提出了挑战。在追求物质、经济上的富足时，生活变得舒适而方便时，对于环境问题你是如何考虑，又会如何选择呢？共同生活在地球村，是否要自问，我们要如何面对呢？

---

① 中国環境問題研究会. 中国環境ハンドブック2009 - 2010［M］. 蒼蒼社，2009：437.

② 气候组织网站，http：//daily - ondanka. es - inc. jp/report/world_06. html，2016 - 12 - 20.

主要参考文献

[1] 初阔林，李洁．"一带一路"视阈下中国与中亚交通互联的意涵、困境与策略 [J]．理论月刊，2018 (11)：132-139.

[2] 田正．日本对中国直接投资对中国经济发展影响研究 [J]．日本问题研究，2018 (3)：54-64.

[3] 蒋雪柔．O2O 模式下"美团外卖"的"蓝海"战略分析 [J]．经营与管理，2018 (5)：27-29.

[4] 龚芳．基于价值链理论的零售企业 O2O 模式比较及选择 [J]．商业经济研究，2018 (6)：98-101.

[5] 葛聪，南志标．"互联网＋"背景下，草业企业 O2O 模式分析——以内蒙古草都农牧业发展有限责任公司为例 [J]．草业科学，2018 (3)：686-694.

[6] 周雄伟，汪苗蓉，徐晨．O2O 模式下服务商的价格和时间决策 [J]．中国管理科学，2018 (2)：54-61.

[7] 陈志松，方莉．线上线下融合模式下考虑战略顾客行为的供应链协调研究 [J]．中国管理科学，2018 (2)：14-24.

[8] 郑义健，邱思琦，明新国，刘志文．O2O 模式下工业品供应商的评价选择 [J]．机械设计与研究，2018 (1)：164-171.

[9] 曹越，毕新华，苏婉．移动互联网 O2O 模式下消费者信息搜寻行为研究 [J]．情报理论与实践，2018 (3)：111-116.

[10] 鄢章华，刘蕾．"新零售"的概念、研究框架与发展趋势 [J]．中国流通经济，2017 (10)：12-19.

[11] 王宝义．"新零售"的本质、成因及实践动向 [J]．中国流通经济，2017 (7)：3-11.

[12] 孔栋，左美云，孙凯．"上门"型 O2O 模式构成要素及其关系：一个探索性研究 [J]．管理评论，2016 (12)：244-257.

[13] 马龙龙．流通发展新常态下的"需求侧"改革思考 [J]．商业经济研

究，2016（22）：5 - 6.

[14] 梁达. 以新消费引领新供给　打造经济新动力 [J]. 金融与经济，2016（3）：28 - 31.

[15] 李丽. "十二五"时期北京市流通服务业发展现状及存在问题 [J]. 中国流通经济，2016（2）：20 - 26.

[16] 林荷，郑秋锦，陈佑成. "互联网 +"背景下传统企业转型 O2O 电子商务现状与对策 [J]. 宏观经济研究，2015（12）：79 - 85.

[17] 赵振. "互联网 +"跨界经营：创造性破坏视角 [J]. 中国工业经济，2015（10）：146 - 160.

[18] 成福伟. 东北亚区域经济一体化条件下的中日韩物流合作分析 [J]. 价格月刊，2015（8）：50 - 53.

[19] 张应语，张梦佳，王强，任莹，马阳光，马爽，邵伟，尹世久，石忠国. 基于感知收益 - 感知风险框架的 O2O 模式下生鲜农产品购买意愿研究 [J]. 中国软科学，2015（6）：128 - 138.

[20] 姜奇平. "互联网 +"与中国经济的未来形态 [J]. 人民论坛·学术前沿，2015（10）：52 - 63.

[21] 司增绰. 需求供给结构、产业链构成与传统流通业创新——以中国批发和零售业为例 [J]. 经济管理，2015（2）：20 - 30.

[22] 朱永浩. 中俄铁路运输通道发展现状及存在的问题 [J]. 俄罗斯学刊，2015（1）：46 - 50.

[23] 陈陈. 无锡外贸企业发展影响因素实证分析 [J]. 中国市场，2014（42）：71 - 74.

[24] 姜丽，丁厚春. O2O 商业模式透视及其移动营销应用策略 [J]. 商业时代，2014（15）：58 - 59.

[25] 卢益清，李忱. O2O 商业模式及发展前景研究 [J]. 企业经济，2013（11）：98 - 101.

[26] 周骏宇，杨军. 广东外贸企业的困境、转型升级路径和政策需求——基于结构方程的实证分析 [J]. 国际经贸探索，2013（4）：4 - 15.

[27] 李飞，胡赛全，詹正茂. 零售通道费形成机理——基于中国市场情境的多业态、多案例研究 [J]. 中国工业经济，2013（3）：124 - 136.

[28] 朱永浩. 中国黑龙江省与俄罗斯滨海边疆区陆海联运合作的现状及障碍因素分析 [J]. 俄罗斯学刊，2012（6）：71 - 75.

［29］赖伟宣，张鹏．电子商务对连锁百货集客力影响的实证研究［J］．江西财经大学学报，2011（5）：39－46．

［30］潘勇．"柠檬市场"理论视角下电子商务市场与传统市场关系研究——兼论中国电子商务市场本土特征［J］．中国经济问题，2011（3）：78－84，108．

［31］张浩然，衣保中．地理距离与城市间溢出效应——基于空间面板模型的经验研究［J］．当代经济科学，2011（3）：117－123，128．

［32］王爽．日本对外投资新趋势及对中国的影响［J］．东岳论丛，2011（2）：146－150．

［33］朱信凯，骆晨．消费函数的理论逻辑与中国化：一个文献综述［J］．经济研究，2011（1）：140－153．

［34］兰惠珍．关于广西经济发展方式转变方向的思考［J］．中国商界（上半月），2010（7）：131．

［35］辛慧祎，莫晨宇，梁妍妍．广西北部湾经济区与东盟产业对接的风险防范分析［J］．市场周刊（理论研究），2010（4）：76－77．

［36］张季风．后危机时代日本对中国投资的新机遇与前景展望［J］．现代日本经济，2010（2）：38－44．

［37］李国柱，李从欣．中国环境污染经济损失研究述评［J］．统计与决策，2009（12）：74－75．

［38］杨智凯，宋源．零售业态变迁的内在驱动力研究——美国经验与中国实践［J］．上海管理科学，2006（3）：49－53．

［39］郭玉清．资本积累、技术变迁与总量生产函数——基于中国1980－2005年经验数据的分析［J］．南开经济研究，2006（3）：79－89．

［40］朱信凯．流动性约束、不确定性与中国农户消费行为分析［J］．统计研究，2005（2）：38－42．

［41］王烈．WTO与中国商业零售业的变化［J］．江苏商论，2002（12）：4－6．

［42］方虹．零售业态的生成机理与中国零售业态结构调整［J］．商业经济与管理，2001（10）：5－8．

［43］李怀政，仲向平，鲍观明．加入WTO以后中国零售业态的合理变迁［J］．商业经济与管理，2001（10）：18－21．

［44］徐剑，琚春华．传统商业企业与电子商务［J］．商业经济与管理，

2001（1）：19 - 22.

［45］张文忠，庞效民，杨荫凯．跨国企业投资的区位行为与企业空间组织联系特征——以在中国投资的日资和韩资企业为例［J］．地理科学，2000（1）：7 - 13.

［46］张东明．关于中韩自由贸易区问题的思考：以物流产业发展与合作问题为视角［J］．韩国学论文集，2011：170 - 183.

［47］朱永浩，包振山．中俄日陆海联运与中国"东丝路带"建设：基于试运营项目的分析与建议［A］．黑龙江省东北亚研究会，黑龙江省东北亚研究会第二届会员代表大会论文集，2016：21 - 23.

［48］［日］藤田昌久，石敏俊．集聚经济学—城市、产业区位与全球化［M］．上海：格致出版社，上海三联书店，上海人民出版社，2016.

［49］蒋剑豪，文丹枫，朱志荣．广东省工业电商发展报告（2017 - 2018）［M］．北京：经济管理出版社，2018.

［50］Chris Anderson．免费［M］．北京：中信出版集团，2015.

［51］刘业政等．电子商务概论（第 3 版）［M］．北京：高等教育出版社，2016.

［52］柳思维．经济与贸易评论［M］．成都：西南财经大学出版社，2016.

［53］龙昱．城市地理分析［M］．北京：中国地质大学出版社，2012.

［54］施振荣．微笑曲线［M］．上海：复旦大学出版社，2014.

［55］吴敏．苏宁：双线融合赋能政府采购［N］．中国政府采购报，2018 - 1 - 16（005）．

［56］张弘．技术创新与中国流通产业发展［M］．北京：首都经济贸易大学出版，2006.

［57］彭晖．流通经济学［M］．北京：科学出版社，2010.

［58］Hasebe, Y. and Shrestha, N.（2006）"Economic Integration in East Asia: An International Input - Output Analysis", The World Economy, Vol. 29, Issue 12.

［59］Sato, kiyotaka and Nagendrashrestha, 2014, "Global and Regional Shock Transmission: An Asian Perspective", CESSA Working Paper, 2014 - 04.

［60］Zhijian Yang. An Organizational Mode with Reputation for O2O ECommerce［M］. Springer Berlin Heidelberg: 2014 - 6 - 15.

［61］Hirose Morikazu, TabeKeiya, Mineo Kei. The Role and Function of Advertising Communication in Online to Offline（O2O）Context［J］. Journal of Advertising

Science，2017：61.

　　［62］YuchenPan，DeshengWu，David L. Olson. Online to offline（O2O）service recommendation method based on multi-dimensional similarity measurement［J］. Decision Support Systems，2017.

　　［63］K. H. Leung，K. L. Choy，Paul K. Y. Siu，G. T. S. Ho，H. Y. Lam，Carman K. M. Lee. A B2C e-commerce intelligent system for re-engineering the e-order fulfilmentprocess［J］. Expert Systems With Applications，2018，91.

　　［64］Rodrigue，J. ，Comtois，C. ，Slack，B. （2016）. The Geography of Transport Systems 4th Edition. Oxford，UK：Routledge.

　　［65］Stephen Jones （2006）. Infrastructure Challenges in East and South Asia. IDS Bulletin，Volume 37，pp. 1 – 20.

　　［66］Rodrigue，J. ，Comtois，C. ，Slack，B. （2016）. The Geography of Transport Systems 4th Edition. Oxford，UK：Routledge.

　　［67］ARAI Hirofumi，ZHU Yonghao，LI Jinbo，Toward Expanding Japan – Russia – China Multimodal Transportation，ERINA REPORT，№125，2015.

　　［68］GTI，Integrated Transport Infrastructure and Cross-border Facilitation Study for the Trans – GTR Transport Corridors：Regional Summery Report，2013.

　　［69］GTI，Evaluation Study on the Sea – Land Routes in Northeast Asia，2014.

　　［70］陳延天・金丹. 中国を中心とした東アジア地域国際分業の進展 – 2005 年アジア国際産業連関表の推計を通じて – ［J］. 北東アジア地域研究，第 18 巻. 北東アジア学会，2012：49 – 71.

　　［71］長谷部勇一. 東アジアにおける貿易と経済成長［J］. 横浜国際社会科学研究，第 7 巻，第 3 号、横浜国際社会科学学会，2002：125 – 145.

　　［72］藤川清史，下田充，渡邊隆俊. アジア太平洋地域の国際分業構造の変化［J］. 経営経済，第 42 号、大阪経済大学中小企業・経営研究所，2006：73 – 89.

　　［73］岡本信広，桑森啓，猪俣哲史. 中国経済の勃興とアジアの産業再編［M］. アジア経済研究所，2007.

　　［74］川端基夫. アジア市場を拓く – 小売国際化の100 年と市場グローバル化［M］. 新評論，2011.

　　［75］久保村隆祐. 商学通論（七訂版）［M］. 同文館，2009.

　　［76］赤塚雄三. インド亜大陸における運輸交通インフラ整備と広域経済

図形成の動向［J］. 国際地域学研究，№10、東洋大学国際地域学部，2007：
1 – 17.

　　［77］江原規由. 中国の対外開放新戦略としての21世紀シルクロードFTA
建設［J］. 国際貿易と投資，Vol. 26 NO. 1、国際貿易投資研究所，2014：142 –
153.

　　［78］津守貴之. 東アジア物流体制と日本経済［M］. 御茶ノ水書房，
1997.

　　［79］神奈川大学アジア問題研究所. 東アジアの地域協力と秩序再編［M］.
御茶ノ水書房，2012.

　　［80］小野憲司，福元正武. 汎アジア交通ネットワーク形成に向けた戦略
と展望［J］. 運輸政策研究，Vol. 2 NO. 2、運輸政策研究機構，2008：26 – 36.

　　［81］朱永浩. アジア共同体構想と地域協力の進展［M］. 文眞堂，2018.

　　［82］朱永浩. 中国東北経済の展開 – 北東アジアの新時代［M］. 日本評論
社，2013.

　　［83］竹村豊. 日本海側諸港にとってロシアとの海上交通発展の意義と課
題 – 日本側の観点から［J］. 国際教養大学アジア地域研究連携機構研究紀要，
№4、国際教養大学アジア地域研究連携機構，2017：1 – 17.

　　［84］ERINA. 北東アジアの直面する課題と国際協力［M］. 日本評論社，
2012.

　　［85］北東アジア経済会議組織委員会運輸・物流常設委員会. 北東アジア
輸送回廊ビジョン［J］. ERINA booklet vol. 1、環日本海経済研究所，2002：1 –
56.

　　［86］天児慧，李鐘元. 東アジア和解への道 – 歴史問題から地域安全保障
へ［M］. 岩波書店，2016.

　　［87］江守正多 + 気候シナリオ「実感」プロジェクト影響未来像班. 地球
温暖化はどれくらい「怖い」か?［M］. 技術評論社，2012.

　　［88］川名英之. 世界の環境問題第7巻［M］. 緑風出版，2011.

　　［89］環境省. 環境白書（平成27年版）［M］. 日経印刷株式会社，2015.

　　［90］金丹，森俊介. 東アジア地域の中間財における国際分業の進展［J］.
北東アジア地域研究，Vol. 22、北東アジア学会，2016：43 – 56.

　　［91］厳網林，田島英一. アジアの持続可能な発展に向けて［M］. 慶應義
塾大学出版会，2013.

［92］中国環境問題研究会．中国環境ハンドブック2009 - 2010 年版［M］.
蒼蒼社，2009.

［93］通商産業省通商政策局経済協力部．アジアの環境の現状と課題［M］.
通商産業調査会出版部，1997.

［94］デビッド・オコンナー，寺西俊一，吉田文和，大島堅一訳．東アジ
アの環境問題［M］.東洋経済新報社，1996.

［95］日本環境会議，「アジア環境白書」編集委員会．アジア環境白書
2010/11［M］.東洋経済新報社，2010.

［96］牧野国義ほか．環境と健康の事典［M］.朝倉書店，2008.

［97］柳哲雄，植田和弘．東アジアの越境環境問題［M］.九州大学出版
会，2010.

［98］新井洋史．北東アジア域内物流を担う輸送回廊整備の動向と政策的
対応に関する考察［J］.ERINA REPORT 第89 号、環日本海経済研究所，2009：
51 - 63.

［99］新井洋史，朱永浩．中国貿易関係の変化と国境物流の新展開［J］.
ERINA REPORT 第119 号、環日本海経済研究所，2014：35 - 48.

［100］関満博，池部亮．交流の時を迎える中越国境地域 - 広西チワン族自
治区北部湾開発［M］.新評論，2011.

［101］森詩織，井爪明佳．広西チワン族自治区対 ASEAN 経済交流の要
［J］.ジェトロセンサー№716、日本貿易振興機構，2010：18 - 19.

［112］池部亮．新たな経済圏を形成できるか - 北部湾経済圏と広西チワン
族自治区の展望［J］.中国経済№513、日本貿易振興機構，2008：10 - 17.

后　记

　　这部书的缘起要追溯到 2018 年 3 月。在充满新绿的季节，几位在国内以及日本工作的学者来到了中国最南端美丽的海港城市——湛江，探讨着共同的关心课题：如何将国际间的区域合作更加深化？特别对经济欠发达的地区，如何承接来自区域内的国际分工中他区域的比较优势、如何输出国际贸易中自身的无法替代的生产要素优势？因为这关系到地区经济发展的根本问题，也是我们这些来自不同地区的学者想为地区发展提供些建议的首要目的。也许正是这份执念使我们聚集到这里，进行着思考和论证吧？这也成为了本书出版的最初动因。

　　这个团队多数都曾在日本学习、工作过，部分成员现依然在日本从事教育和研究工作。或许是这种教育背景使然，我们把研究的目光常常会投向与中日两国戚戚相关的议题。当编者朱永浩提出大家共同出版一部著作之时，得到了各位学者的积极响应。各位学者的研究方法和领域虽各不相同，但共同之处在于都是致力于东亚经济的研究。因此，也就自然而然地将本书研究领域划定在了东亚。本书内容涉猎范围较广，研究方法从实证研究到政策性研究也未曾统一。而研究的角度则从国际贸易中，中日两国所担当的角色，到对亚洲经济的影响方面，以及日本零售业在中国的营销模式、东亚的基础设施建设、物流发展的现状和面临的环境等问题。同时在市场营销方面展开了研究，其中包括新零售模式对中国经济的影响，以及省域内电商与区域经济问题，可以说是一种多视角的研究成果集合为一体，成为本书的一大特点。参加执笔的各位学者都希望以多角度审视、多元化的思维去诠释东亚区域合作这个主题。虽研究领域有所差别，但为东亚区域合作发展建言献策的那份真诚，一并被学者们融入到了这个似乎有些乖离的主题。

　　我们知道，在研究领域或政策实施的过程中，一般来说以地理单元为主体进行区域划分。这种划分有的是相同行政区划内，有的则是跨越行政区划因地理的相连性和文化的相容性被划定为一个区域。作为区域经济研究的对象，学者中一种比较普遍的现象是对国内部分省区进行的研究。这也成为区域经济的一个主线。因而往往政策制定都是围绕这个主线展开，且希望通过相关区域建立一种联系，实施对应政策，目的是拉动地区经济发展。在政策实施过程中，使某个区域成为相互关联、相互依存的经济发展态势。从而带来一个地区经济增长的重要动力源，也希望以此为重点，使其发展成为一个重要的经济增长极。

当然，这仅是一种对于部分学者而言的研究方向。但如本书这般不多的学者集中在一起，通过第一线调研后完成的国际间的区域经济研究成果的集合，不仅具备了上述的特点，同时也针对东亚经济的合作与竞争所发出的思考。我们希望在东亚这种离散空间特性的区域中，以区域关联性特点，经济交流过程中降低交易成本、提高交易需求、丰富交易供给。

在日常生活中，所谓经济最主要的是人和物的流动，其流动性所建立起来的交易关系，则是经济发展的重要手段。虽然这是一个较为笼统的定义，但本书并非是究其界定标准的研究，而是对具有离散空间特点的区域经济合作进行的探讨，因而在论述过程中更加倾向于对国际间合作问题的分析以及国内、国际形势对合作的影响。

这个学者群对经济发展能带来普通人生活水平提高的那种期盼，经济合作带来一个地区和平的那份执着，进而带来的各国人民之间相互连接纽带的那一份坚韧，阅读本书的各位可能有所感觉。我们在不同的视点下对东亚经济的细致和深入研究，期盼亚洲最大的两个经济体中国和日本，以相互合作惠及整个区域，也通过严谨的论述达到了目的。

东亚，这个一直以来带着许多释义，而却从未减少关注的地区，现如今依然让许多人不断去注视、不断地解读。而学者们每一次成果出来的时候，一些未解的问题则留下了遗憾。本书也是如此。当我们回头再去对本书主题、内容进行探讨争论之时，可能预示着一个新的思路、新途径在前方等待着。当东亚从劳动力市场优势开始渐渐转移之际，另一个成长起来的经济体开始提供经济中的共享了。我们希望这种改变会带来东亚经济不断增长的新格局早日形成。

最后，本书之所以能够出版，得益于福岛大学"亚洲共同体构想与区域合作"课题资助和支持，才有了后面的努力和汗水。对经济科学出版社刘怡斐编审专业、细致的工作表示深深的谢意！

编著者
于 2019 年元月